AF389594

EXPORTATION
ET IMPORTATION

DES

CAPITAUX ET TITRES

EXPORTATION ET IMPORTATION

DES

CAPITAUX ET TITRES

CRÉDIT DE L'ÉTAT — ÉMISSIONS
RÉPERTOIRE DE CHANGE

PAR

J. TCHERNOFF

AVOCAT A LA COUR D'APPEL DE PARIS

ANCIEN CHARGÉ DE COURS A LA FACULTÉ DE DROIT D'AIX-MARSEILLE

PARIS

LIBRAIRIE DALLOZ

11, RUE SOUFFLOT, 11

1926

TABLE DES MATIÈRES

CHAPITRE I

LOI REMPLAÇANT LA LOI DU 3 FÉVRIER 1893 ET RÉPRIMANT LES ATTEINTES AU CRÉDIT DE L'ÉTAT.

CHAPITRE II

LOI TENDANT A RÉPRIMER LE TRAFIC DES MONNAIES ET ESPÈCES NATIONALES (*JOURN. OFF.* 12 FÉVRIER 1916; D. P. 1916. 4. 323 et SUIV.)

CHAPITRE III

LOIS RELATIVES A L'EXPORTATION, A L'IMPORTATION ET AU RAPATRIEMENT DES CAPITAUX ET TITRES (LOI DU 3 AVRIL 1918, LOI DU 28 FÉVRIER 1921, LOI DU 31 MARS 1922, LOI DU 22 MARS 1924, LOI DU 13 JUILLET 1925, DÉCRET DU 12 AOUT 1925) ET A LA TENUE DU RÉPERTOIRE DE CHANGE.

1 — TCHERNOFF. — EXPORTATION DES CAPITAUX.

II. — Analyse des arrêtés du 4 septembre 1917 et du 4 avril 1918. La division du répertoire en trois parties.

III. — Importation et exportation des capitaux et titres.

IV. — Caractère de la déclaration. Sanctions.

V. — Instruction du 15 juin 1918.

VIII. — Instructions pour 'application de l'article 31 de la loi du 13 juillet 1925.

IX. — Nature du délit prévu par les lois relatives à l'exportation des capitaux et à la tenue du répertoire des opérations de change.

X. — Instruction du 10 février 1926 relative à l'application des articles 74 et 75 de la loi du 12 juillet 1925 qui ont institué un impôt sur les opérations de change, et du décret du 25 janvier 1926.

CHAPITRE IV

I. — Analyse du texte de la loi du 31 mai 1916. — II. Objet de la loi. — III. Les valeurs auxquelles s'applique la loi. — IV. Les opérations visées par la loi. — V. Le sens à attribuer à l'émission. — VI. Sociétés fondées sans publicité ni appel au public. — VII. Régularisation

ANNEXES

INSTRUCTION RELATIVE A L'APPLICATION DES ARTICLES 74 ET 75 DE LA LOI DU 12 JUILLET 1925, QUI ONT INSTITUÉ UN IMPOT SUR LES OPÉRATIONS DE CHANGE, ET DU DÉCRET DU 25 JANVIER 1926

CHAPITRE I

LOI REMPLAÇANT LA LOI DU 3 FÉVRIER 1893 ET RÉPRIMANT LES ATTEINTES AU CRÉDIT DE L'ÉTAT

(Journal officiel du 13 février 1924; D. P. 1924. 4. 248 et suiv.)

1. Le texte législatif. — Il y a lieu tout d'abord de reproduire le texte de la loi :

Art. 1er. Sera puni de trois mois à trois ans de prison et d'une amende de mille francs (1000 fr.) à vingt mille francs (20000 fr.) quiconque par des faits faux ou calomnieux, semés à dessein dans le public ou par des voies ou moyens frauduleux quelconques, aura provoqué ou tenté de provoquer des retraits de fonds de caisses publiques ou des établissements obligés par la loi à effectuer leurs versements dans les caisses publiques.

Art. 2. Sera puni de six mois à trois ans de prison et d'une amende de cinq mille francs (5000 fr.) à cinquante mille francs (50000 fr.) quiconque aura, même sans emploi de moyens frauduleux :

1° Opéré ou tenté d'opérer la baisse des devises nationales, *dans un but de spéculation ;*

2° Provoqué ou tenté de provoquer la vente des titres de rente ou autres effets publics, mis obstacle ou tenté de mettre obstacle à l'achat desdits fonds ou valeurs ou à leur souscription, *dans un but de dépréciation.*

Art. 3. La peine sera de un an à cinq ans de prison et d'une amende de dix mille francs (10000 fr.) à cent mille francs (100000 fr.), si les agissements définis à l'article précédent ont été accompagnés ou de faits faux ou calomnieux, semés à dessein dans le public, ou de voies ou moyens frauduleux quelconques.

Art. 4. Dans tous les cas prévus à la présente loi, lorsque le délinquant sera un étranger, la juridiction saisie prononcera, en outre, l'interdiction temporaire ou indéfinie du territoire français. Au cas où cet étranger, malgré cette interdiction, rentrerait sur le territoire français, il sera condamné à une peine de trois mois à un an de prison et à une amende de mille francs (1000 fr.) à cinq mille francs (5000 fr.). A l'expiration de sa peine, il sera reconduit à la frontière.

ART. 5. L'article 463 du Code pénal sera applicable, sauf lorsqu'il s'agira d'un délinquant déjà condamné pour l'un des délits prévus et réprimés par la présente loi et reconnu coupable à nouveau de l'un des délits prévus et réprimés par celle-ci ; dans ce dernier cas, le sursis à l'exécution de la peine prévu par l'article 1er de la loi du 26 mars 1891 sera également inapplicable.

ART. 6. La loi du 3 février 1893 tendant à compléter les articles 419 et 420 du Code pénal est abrogée.

ART. 7. La présente loi est applicable à l'Algérie, aux colonies et aux pays de protectorat (Nouveaux projets, V. n°s 95-96).

2. Travaux préparatoires. — L'élaboration de cette loi a été extrêmement courte et, depuis sa promulgation, le texte promulgué le 12 février 1924 a donné lieu à de nombreuses difficultés. Entre le projet tel qu'il a été conçu par le législateur et celui qui a été définitivement voté par le Sénat, il y a une différence appréciable. Le texte déposé par le Gouvernement portait comme titre : « Projet de loi ayant pour objet de compléter la loi du 3 février 1895. » Par conséquent, il s'agissait d'un développement pur et simple des principes contenus dans la loi de 1893. Puis on a pensé renforcer le texte de l'article 419 du Code pénal en l'appliquant à certains faits constitutifs d'atteinte au crédit de l'État et en sanctionnant ces faits des peines prévues par l'article 419.

Cette organisation de la répression rappelait par sa méthode ce qui a été fait pour la spéculation illicite : d'une part, un texte exprès, plus élastique, plus compréhensif que la loi qui visait certains agissements sanctionnés par les peines de l'article 419 du Code pénal ; puis alors, élargissement de l'article 419 du Code pénal.

Au cours des travaux préparatoires, sans que cela fût dit expressément, mais inspiré par les circonstances du moment et surtout par la législation relative à la spéculation illicite et la jurisprudence à laquelle celle-ci a donné lieu, le législateur s'est rattaché, dans la détermination du délit, au but visé par l'agissement qu'on entendait sanctionner. Il s'agissait, comme disait le rapporteur devant le Sénat, de « défendre le crédit de l'État et de déjouer par des sanctions pénales rigoureuses les manœuvres coupables qui, *dans un but de spéculation et de dépréciation*, viseraient nos devises nationales, nos titres de rente et les effets publics » (V. *Journ. off.*, séance du 29 janv. 1924).

3. L'importance du but de l'auteur du délit. — Les sanctions rigoureuses adoptées n'avaient pas d'abord trouvé leur place dans le projet gouvernemental. Celui-ci méritait véritablement son titre qui tout d'abord était : « Projet de loi ayant pour objet de compléter la loi du 3 février 1893. » Mais, au cours des travaux, on a jugé utile de donner à la loi un titre plus compréhensif et qui doit l'éclairer dans ses parties : « Loi remplaçant la loi du 3 février 1893 et réprimant les atteintes au crédit de l'État. » Par conséquent, on va dépasser le cadre primitif de la loi du 3 février 1893, et les agissements qu'on va sanctionner doivent être caractérisés : 1° par un but de spéculation ou de dépréciation; 2° par un but qui a pour résultat de porter atteinte au crédit de l'État; 3° par un but qui a pour objet les devises nationales, les titres de rente et les effets publics.

4. Rapprochement de la loi du 12 février 1924 avec d'autre délits. Article 27 de la loi du 29 juillet 1881. — Tout d'abord, la question s'est posée de savoir si le gouvernement ne pouvait pas trouver dans les textes en vigueur les moyens d'atteindre le but que s'est proposé la nouvelle loi.

Parmi ces textes se rencontre tout d'abord la loi du 29 juillet 1881 dont l'article 27 est ainsi conçu : « La publication ou reproduction de nouvelles fausses, de pièces fabriquées, falsifiées ou mensongèrement attribuées à des tiers sera punie d'un emprisonnement d'un mois à un an et d'une amende de 50 francs à 1 000 francs, ou de l'une de ces deux peines seulement, lorsque la publication ou reproduction aura troublé la paix publique et qu'elle aura été faite de mauvaise foi. »

Cet article vise avant tout les infractions de presse et, par conséquent, ne s'applique pas à d'autres moyens que ceux énumérés par l'article 27, à l'aide desquels cependant on peut réaliser une campagne de baisse sur les devises nationales, les rentes de l'État ou les effets publics.

Les agissements visés par l'article 27 doivent avoir pour résultat de troubler la paix publique, ce qui ne se confond pas avec la notion de l'ordre public. Ainsi, une fausse nouvelle qui n'est pas de nature à troubler la paix publique n'est pas punissable. La fausse nouvelle, pour tomber sous le coup de l'article 27, ne doit pas seulement être *de nature* à troubler la paix publique : il faut que la paix publique ait été réellement troublée (V. circulaire ministérielle de la Justice 9 nov. 1881, D. P. 1881. 3. 108, n° 30).

Le trouble apporté à la paix publique « doit s'entendre non seulement d'un trouble matériel, d'une émeute, d'une rixe, d'un désordre de rue, mais encore d'un trouble moral assez profond pour impressionner gravement l'esprit public et pour s'accuser par certains faits extérieurs, notamment par la fuite des habitants d'une commune effrayés par la fausse nouvelle d'un crime, par un arrêt de transaction, par une baisse des fonds publics » (V. Dalloz, *Code de la Presse.* Décisions sous l'art. 27 de la loi du 29 juill. 1881).

La compétence est de la cour d'assises, Or, s'agissant du nouveau délit qui allait être créé, il était évidemment important de s'assurer des poursuites rapides qui ne pouvaient être obtenues que par le recours à la juridiction correctionnelle.

5. Rapprochement de la loi du 12 février 1924 avec les articles 419 et 420 du Code pénal. — D'abord les articles 419 et 420 ne punissent pas la tentative. La tentative est, au contraire, visée par la nouvelle législation et il importe à l'action préventive des pouvoirs publics de pouvoir arrêter une campagne de presse au moment où elle s'esquisse sans attendre que le résultat se soit déjà produit. Et cela est surtout vrai quand il s'agit d'une campagne politique.

Les articles 419 et 420 énumèrent les divers moyens employés, dont réunion et coalition entre les principaux détenteurs, et d'une façon générale des voies et moyens frauduleux quelconques, tandis qu'au contraire l'article 2 de la loi du 12 février 1924 punit tous ceux qui, même sans emploi des moyens frauduleux, arrivent au résultat visé par les deux alinéas qui suivent.

Le résultat que vise l'auteur du délit réprimé par l'article 419 est d'opérer la hausse ou la baisse du prix des denrées ou marchandises, ou des papiers et effets publics, *au-dessus ou au-dessous du prix qu'aurait déterminé la concurrence naturelle et libre du commerce.*

Il en est autrement quand il s'agit de l'article 2 de la loi du 12 février 1924. La peine est encourue si l'auteur du délit a relaté des faits vrais, des faits exacts, mais les a groupés d'une telle façon qu'il a produit une certaine impression sur les assistants ou lecteurs, et cela en vue d'aboutir à la dépréciation des effets publics, même si le résultat de ses manœuvres n'a pas eu pour effet de faire descendre le prix des effets publics au-dessous des prix qu'aurait déterminés la concurrence naturelle et libre du commerce.

Il semble, au premier abord, étant donné le texte de la loi, que, même s'il a donné une appréciation exacte, même si cette appréciation n'a pas eu pour résultat d'obtenir la baisse des cours qu'aurait déterminée la loi de l'offre et de la demande, mais simplement de faire vendre les titres conformément à la loi de l'offre et de la demande, la loi devrait être applicable.

Mais ici nous nous heurtons à deux expressions qui se rencontrent dans l'article 2 que nous aurons à commenter, et notamment les mots « dans un but de spéculation, dans un but de dépréciation ».

L'analogie de l'article 419 du Code pénal avec l'article 3 de la loi du 12 février 1924 devient plus complète, car ses dispositions visent des agissements définis à l'article 2, accompagnés ou de faits faux ou calomnieux, semés à dessein dans le public, ou de voies et moyens frauduleux quelconques.

La différence cependant apparaît dans la nature des sanctions. En effet, l'article 419 punit les agissements qu'il vise d'un emprisonnement d'un mois au moins, d'un an au plus et d'une amende de 500 francs à 10000 francs ; l'article 3 de la loi du 12 février 1924 édicte une peine de un an à cinq ans de prison et d'une amende de 10000 francs à 100000 francs. C'est sur la proposition de la commission du Sénat que les pénalités prévues ont été aggravées et cette aggravation est sensible, même quand il ne s'agit que d'amendes.

Il semble donc qu'étant donné la nature de la peine, que le délit créé par les articles 2 et 3 de la loi du 12 février 1924 doit être interprété d'une façon plus rigoureuse ; que, dans tous les cas, les restrictions apportées par la jurisprudence à l'application de l'article 419 du Code pénal doivent se trouver encore plus nettes et plus formelles quand il s'agit de l'article 3 de la loi du 12 février 1924.

6. Rapprochement de la loi du 12 février 1924 avec la loi du 3 février 1893. — Cette dernière loi se trouve incorporée

dans la loi nouvelle qui la remplace. Cette loi est ainsi conçue :
« Sera puni des peines prévues par les articles 42 et 80 du Code
pénal quiconque, par des faits faux ou calomnieux, semés à dessein
dans le public ou par des voies ou moyens quelconques, aura provoqué ou tenté de provoquer des retraits de fonds des caisses publiques
ou des établissements obligés par la loi à effectuer leurs versements
dans les caisses publiques. »

Cette loi, par conséquent, n'avait qu'un objet restreint et qui se
comprenait d'ailleurs en dehors de la loi spéciale sanctionnant les
atteintes au crédit de l'État. Ce texte a été repris, mais avec des pénalités plus graves. Les pénalités, disait le rapporteur des articles 419 et
420 du Code pénal, auxquels se réfère le projet de loi, ne permet-
traient pas d'atteindre les délinquants avec assez de sévérité.

**7. Mode d'interprétation de la loi du 12 février 1924.
— La différence entre le but, le moyen, le résultat. —**
En principe, en matière de droit pénal, le but de l'agent est indépen-
dant de la responsabilité pénale, mais des lois spéciales, dans des
circonstances particulières, peuvent ériger le but en un élément constitutif du délit. Cela est nettement visible dans les lois du 20 avril
1916 et du 23 octobre 1919 sur la spéculation illicite (V. Tchernoff,
« La spéculation illicite devant le Parlement et la justice pénale »,
*Revue pratique de législation et de jurisprudence du Tribunal de com-
merce de la Seine*, 15 mars-15 avril 1918, p. 25 et suiv.; Tchernoff,
même *Revue*, « La spéculation illicite. Commentaire de la loi du
23 octobre 1919 », p. 80 et suiv.; Tchernoff, même *Revue*, 15 mai-
15 juin 1923, p. 69 et suiv., « La spéculation illicite en matière de
vente de fonds de commerce »).

Rien de plus malaisé que de définir le but d'un agissement délic-
tuel. L'appréciation du juge de fait devient souveraine et une tendance
s'accentue à définir le but soit par le résultat que vise l'agissement
incriminé, soit par le moyen qu'il a employé.

C'est ainsi d'ailleurs qu'on a procédé pour les divers textes destinés
à réprimer la spéculation illicite. Très justement, on a fait remarquer,
en analysant la jurisprudence à propos de la loi réprimant la spéculation illicite, que la plupart des cours et des tribunaux ont admis, d'une
part, « que la réalisation d'un bénéfice qui leur paraissait excessif
devait être considérée comme une spéculation illicite, et que, d'autre
part, ce même bénéfice devait avoir *nécessairement* porté le prix de la

marchandise au-dessus de son cours normal ». Le juge en concluait que, dès qu'un bénéfice paraissait excessif; le prévenu avait opéré la hausse *dans un but de spéculation illicite* (D. P. 1922. 4. 288).

Dès lors, la constatation de l'enrichissement excessif semblait à elle seule dispenser le juge de répondre à la question de savoir à l'aide de quel moyen l'enrichissement a été obtenu .et si cet enrichissement a eu pour objet et pour but de faire hausser les prix au delà du résultat normal de la loi de l'offre et de la demande.

On s'est imaginé à tort, à notre avis, même sous l'empire de la première rédaction de la loi du 20 avril 1916, que le juge n'avait pas à se préoccuper du moyen et du but auquel ce moyen tendait, une fois le bénéfice constaté.

Voici comment on était arrivé insensiblement à cette manière d'envisager le délit de spéculation illicite : l'article 419 du Code pénal exigeait, pour que le fait incriminé pût tomber sous le coup de ses dispositions, un certains nombre de moyens nettement caractérisés ou des voies ou moyens frauduleux quelconques. La controverse portait simplement sur la question de savoir si la coalition seule était répréhensible ou si elle ne devait pas être accompagnée d'un moyen frauduleux. L'article 10 de la loi du 20 avril 1916 disait : « Seront punis... même sans emploi de moyen frauduleux. »

D'abord, on s'était dit : n'importe quel moyen suffit pour rendre applicable ledit article 10. On a été plus loin, on a déclaré qu'il suffisait de constater le résultat du moyen, sans préciser celui-ci, pour que le délit de spéculation illicite pût être relevé. C'était très grave, car nous nous trouvons en présence d'une infraction intentionnelle, où l'intention frauduleuse doit être nettement relevée ; or c'est par l'emploi conscient du moyen en vue d'un but déterminé que se manifeste l'intention de commettre le délit. Il faut donc préciser, non seulement les abus, mais aussi les moyens à l'aide desquels on perpétrait ces abus.

On s'était prévalu des termes très élastiques de l'article 10 pour ne plus se préoccuper du moyen. Quant à l'intention frauduleuse, on la faisait découler de cette circonstance que l'agent du délit devait forcément avoir conscience de l'exagération de ses bénéfices.

Il semblerait qu'on est en train d'adopter la même méthode d'interprétation pour la loi du 12 février 1924, de déduire le but du moyen employé et du résultat obtenu. Or, étant donné la rigueur des peines édictées par la loi, il y aura lieu, dans les divers jugements, de bien préciser, d'une part, le but, d'autre part, le moyen et l'objet, le tout étant dominé par le titre même de la loi : les agissements devant avoir pour objet de porter atteinte au crédit de l'État.

8. La notion de la mauvaise foi et de l'intention délictuelle. — Un point est certain : la loi du 12 février 1924 ne crée pas un délit contraventionnel. Par conséquent, la mauvaise foi est un élément essentiel de l'infraction.

La Cour d'appel de Bordeaux, quelque peu embarrassée par l'interprétation du terme « but de dépréciation », a cru pouvoir tourner la difficulté en déclarant que l'infraction prévue par le texte analysé consistait dans un simple fait matériel et était caractérisé même lorsque son auteur n'avait pas agi de mauvaise foi (Bordeaux, 16 juin 1925, *Gaz. Pal.* 2. 451).

Mais la Cour de cassation, tout en rejetant le pourvoi formé contre cet arrêt, a expressément déclaré que le motif qui vient d'être analysé est erroné. Par conséquent, il s'agit bien d'un délit dont la mauvaise foi est un des éléments essentiels (Cass. 11 déc. 1925, D. H. 21 janv. 1926, p. 36 et 37).

Peut-on alors prétendre que l'agent du délit a eu l'intention délictuelle par le fait même qu'il a sciemment violé les dispositions de la loi du 12 février 1924 ?

Une pareille réponse n'est plus suffisante, étant donné que le texte très nettement caractérise le délit par le but de l'agent.

Si on consulte les travaux préparatoires, on s'aperçoit tout d'abord que les agissements ou plutôt les « manœuvres coupables » n'étaient punis que s'ils étaient réalisés dans un but de spéculation et de dépréciation (*Journ. off.*, Sénat, séance du 29 janv. 1924).

9. Différence entre le but de spéculation et le but de dépréciation. — Quand on analyse le texte, on s'aperçoit que le numéro 1 de l'alinéa 2 de l'article 2 comprend le terme « dans un but de spéculation, » le numéro 2, uniquement « dans un but de dépréciation. » On devrait donc, dès lors, croire que le fait de provoquer ou de tenter de provoquer la vente des titres, etc., dans un but de dépréciation est punissable, même s'il ne s'y joint point un but de spéculation.

Il faudrait encore attacher un sens au fait que les termes « dans un but de spéculation » et « dans un but de dépréciation », au lieu d'être réunis comme sous la plume du rapporteur du Sénat, se trouvent séparés dans le texte définitif. Il faut en conclure tout d'abord que, pour la loi du 12 février 1924, ce que nous appelons en droit pénal « le dol général » ne suffit pas. Il faut le dol spécial. Ce dol spécial se caractérise par le but. A ce but, quand il s'agit de faire opérer la baisse des devises nationales, le but de spéculation n'est pas étranger.

Au contraire, il est étranger, et il suffit du simple but de dépréciation, quand il s'agit de provoquer ou de tenter de provoquer la vente des titres de rente ou autres effets publics.

Peut-être le législateur n'a-t-il pas eu en vue cette distinction, mais elle se retrouve dans le texte de la loi. Il en résulte que si on a tenté de provoquer la vente de titres de rente ou d'autres effets publics dans un but autre que la spéculation, mais simplement dans un but de dépréciation, le délit est caractérisé.

Quand il s'agit, au contraire, d'opérer ou tenter d'opérer la baisse des devises nationales, il faut, en plus, un but de spéculation, et il peut se manifester même sans qu'on ait à relever un but de dépréciation.

10. La condition de l'atteinte au crédit de l'État. — Mais le but de spéculation ou de dépréciation ne suffit pas. Le titre de la loi réprime les atteintes au crédit de l'État. C'est le résultat visé par l'auteur du délit. Si donc celui-ci, au lieu de se livrer à des agissements qui ont pour objet l'atteinte au crédit de l'État, se contente de faire une comparaison entre les titres à revenu fixe et les titres à revenu variable ; s'il déclare, par exemple, que les obligations, même celles de l'État, courent des risques et supportent les conséquences de la fluctuation des changes ou même de la baisse du franc, de pareils agissements, tout en ayant une répercussion sur le crédit de l'État, n'ont pas pour objet une atteinte au crédit de l'État. Par conséquent, de pareils agissements ne sont pas punissables.

Il faudra avant tout éviter les abus qui se sont produits dans l'application de la loi de 1916 quant aux spéculations illicites et qui ont été rectifiés par la loi de 1922.

Il ne suffira pas de constater que le résultat de l'agissement a été ou aurait pu être de porter atteinte au crédit de l'État pour que par-là même on se dispense de la nécessité de relever le moyen et de caractériser le but. Une pareille méthode d'interprétation de la loi du 12 février 1924 serait d'autant plus arbitraire qu'on n'aurait même pas pour critérium l'enrichissement excessif qu'on avait pour la spéculation illicite.

Au moins, quand il s'agit d'agissements ayant pour effet de provoquer ou de tenter de provoquer la vente des titres de rente ou autres effets publics, une campagne, même inspirée par les considérations politiques, serait punissable, elle serait même particulièrement grave.

Dès lors, une spécification est indispensable non seulement du résultat visé, mais du but et du moyen. A cet égard forcément le pouvoir discrétionnaire du juge sera considérable. D'après l'interprétation donnée par la Cour de cassation, on pourra déduire de l'arrêt des décisions judiciaires le but, même quand il n'y est pas spécialement indiqué.

10 *bis*. Campagne de presse ayant pour résultat de porter atteinte au crédit de l'État. — Les mêmes principes doivent s'appliquer quand il s'agit d'apprécier les campagnes de presse qui ont pour résultat de nuire au crédit de l'État et d'y porter atteinte. Le résultat à lui seul est insuffisant.

En se plaçant au point de vue de l'intention et de la mauvaise foi, des juges se sont demandé si l'auteur de l'article incriminé n'a pas eu conscience du résultat *inévitable* de ses allégations. Celui-ci peut-il scinder alors, d'une part, le but et, d'autre part, le résultat ? Peut-il dire : « A supposer que le résultat de mes articles soit inévitable, tel n'a pas été le but ? »

Il est évident qu'on ne peut pas appliquer en droit la règle d'après laquelle le but justifie le moyen ; l'auteur de l'article ne peut pas dire : « J'ai surtout visé à critiquer un acte du gouvernement, même à le rendre antipathique, même à exciter contre lui la colère populaire. Peu importe que le moyen que j'ai employé à cet effet, qui n'a pas été mon but immédiat, ait eu pour résultat de porter atteinte au crédit de l'État ». Nous avons déjà fait remarquer que ce dédoublement du mobile et de l'intention est sans portée au point de vue pénal.

Nous ne croyons pas que la Cour d'appel d'Amiens ait employé une formule heureuse en mettant dans un de ses considérants la formule suivante : « Considérant qu'il résulte des travaux préparatoires de la loi du 12 février 1924 que le législateur, dans un intérêt supérieur de sauvegarde du crédit de l'État, a entendu se dégager des principes qui régissent la loi du 29 juillet 1881 sur la liberté de la presse. » Les deux domaines, celui du 12 février 1924 et celui du 29 juillet 1881, sont distincts, il n'y a pas de raison d'État ; il y a un délit créé qu'il faut interpréter comme tous les autres délits. Autrement, on arriverait à créer un délit politique et à introduire la distinction entre le mobile et l'intention.

Pour nous, précisément parce qu'il ne s'agit pas d'un délit ayant un caractère politique, nous ne nous préoccupons pas du but final de l'auteur de l'article. On peut lui accorder des circonstances atténuantes, comme l'ont fait les jugements, en tenant compte de cette circonstance que c'est emporté par des mobiles politiques qu'il a employé un moyen de nature à porter atteinte au crédit de l'État. En poursuivant une campagne politique, il a agi exactement comme un homme qui aurait pour but de déprécier les fonds d'État ; il n'a pas suffisamment dégagé son rôle, il a employé des termes dont on peut déduire que tout en cherchant à discréditer surtout le gouvernement et les actes du gouvernement, il n'a pas hésité à formuler des appréciations qui sont de nature, non seulement par le résultat imprévu mais par le résultat nettement visé, à déprécier les titres émis sous les auspices du gouvernement.

Des circonstances de fait viennent éclairer le débat. Telle a été l'espèce soumise à la Cour d'Amiens. Aussi, la Cour d'Amiens a-t-elle a juste titre inséré dans son jugement les deux considérants suivants : qu'il est de règle générale en droit pénal que la mauvaise foi est consécutive de l'infraction, il suffit en la matière que l'agent ait eu conscience que ces agissements étaient de nature à déprécier la souscription et ainsi d'y mettre obstacle ; que l'un des inculpés a d'ailleurs reconnu... au cours de son interrogatoire « qu'il ne contestait pas que son article du 23 août était de nature à nuire à l'emprunt... ; que notamment, en dehors de la violence des termes, les articles incriminés ont surtout insisté sur les inconvénients et les dangers de la souscription » (Amiens, 22 octobre 1925).

Il faudrait raisonner comme si, à la place du gouvernement procédant à un emprunt, on se trouvait en face d'un banquier. Un article publié a-t-il pour résultat de porter atteinte au crédit du banquier, dans la circonstance ?

A la place du banquier, on trouve le gouvernement. Ce n'est plus une atteinte au crédit du banquier, mais au crédit de l'État. Inutile d'introduire la conception du délit politique pour dire : « Mais j'ai avant tout visé le gouvernement » s'il est démontré que la critique porte d'une façon très précise non seulement sur le système financier du gouvernement et ses conceptions financières, mais sur le modalité de l'émission en cours et que la critique est telle que l'émission en souffrira inévitablement. Le crédit de l'État est renforcé, sanctionné par des peines plus sévères que le crédit du banquier.

Il est évident qu'il ne faudra pas, sous le prétexte de défendre le crédit de l'État, se servir du texte de la loi pour étrangler toute campagne politique, toute critique d'une conception financière proposée par le gouvernement. Par exemple, critiquer les emprunts à jet continu à propos d'un emprunt ne constitue pas une atteinte au crédit de l'État si, indirectement, cette critique générale a pour effet de rejaillir sur l'emprunt en cours. En d'autres termes, la question à poser au tribunal doit être la suivante : Les articles en question équivalent-ils à une affirmation ainsi conçue : Ne souscrivez pas à l'emprunt en cours, car il ne vous offre que des garanties illusoires, car l'État court à une faillite inévitable et ne pourra pas vous rembourser les obligations qu'il est en train d'admettre. — Si, au contraire, à propos d'une émission en cours, l'auteur d'un article dit : « Nous appliquons une méthode dangereuse, les emprunts à jet continu conduisent inévitablement à la faillite, » c'est la critique d'une conception financière et ce serait étrangler la liberté de la presse et toute tentative d'éclairer utilement l'opinion publique que d'appliquer la loi du 12 février 1924 à des manifestations de cette nature.

Des circonstances de la cause permettront aux juges de faire une distinction entre les deux situations qui se distinguent, en principe, par la différence entre le but et le moyen que la Cour de cassation nous semble confondre.

(V. le jugement du tribunal correctionnel de la Seine, 11ᵉ ch., en date du 19 mai 1925 (Min. publ. c. V...) et aussi le jugement du 17 février 1926 par le Tribunal civil de Semur).

11. L'arrêt de la Cour d'appel de Bordeaux et l'arrêt du 11 décembre 1925 de la Cour de cassation. — Cela nous paraît excessif. Ainsi, à propos de l'arrêt rendu par la Cour d'appel de Bordeaux, la Cour de cassation n'a pas jugé nécessaire de casser l'arrêt. Et cependant celui-ci, précisément pour ne pas avoir à s'expliquer sur le but et les moyens poursuivis par les auteurs du délit, s'est contenté d'affirmer que la loi du 12 février 1924 ne l'avait pas placé sur le terrain de la bonne ou mauvaise foi. La Cour de cassation a retenu les constatations de fait de la cour d'appel et notamment que les prévenus n'auraient pas hésité à dire que la rente sur l'État, les bons et les obligations de la Défense nationale allaient être frappés d'impôts ; que les intérêts en seraient bientôt impayés et que l'État allait faire faillite.

La Cour de cassation continue : « Attendu que ces constatations font ressortir le but de dépréciation que poursuivaient les inculpés ; qu'à la vérité si la cour d'appel était en droit d'en déduire que l'intention délictuelle, au sens que la loi du 12 février 1924 attache à cette expression, se rencontrait dans l'espèce... (Cass. 11 déc. 1925, déjà cité).

Ainsi donc, pour la Cour de cassation, le but se déduit implicitement des constatations de fait sans qu'on soit obligé de le relever expressément.

Cela ne nous paraît pas conforme à la méthode juridique d'interprétation de la loi, qui considère le but comme un des éléments essentiels du délit. Quand le juge, en matière d'escroquerie, veut justifier l'application des peines de l'article 405 du Code pénal, il est bien obligé de rappeler les faits et *en plus* d'indiquer que ces faits sont constitutifs de la manœuvre frauduleuse.

Il en est de même pour les tribunaux, et les cours d'appel ne doivent pas se contenter d'exposer les faits d'où se déduit la qualification pénale, mais doivent rappeler celle-ci et indiquer les rapports des uns avec les autres.

12. Différence entre le mobile et la cause, entre l'intention finale et l'intention originelle. — En fait, des difficultés peuvent se présenter quand l'auteur présumé du délit visé par la loi du 12 février 1924 n'a pas pour objet uniquement l'atteinte au crédit de l'État, quand il ne l'a même pas pour objet principal ; quand, par exemple, il veut par ses agissements provoquer, en vue d'un arbitrage, la vente des titres de l'État pour permettre ainsi à la future victime de ses agissements de se procurer des fonds à l'aide desquels il pourrait acheter les nouvelles valeurs. On comprend très bien que l'atteinte au crédit de l'État n'est pas la cause déterminante des agissements de l'individu dans la circonstance. Il aurait aussi bien dénigré n'importe quelles valeurs dont la conversion en argent est la condition indispensable et préalable du placement utile des titres prônés et patronnés par lui.

On a essayé alors de justifier la répression en disant que le juge n'a pas à tenir compte du mobile, qu'il n'a qu'à s'attacher à la conséquence directe de l'acte.

Le mobile et la cause sont des notions étrangères au droit pénal, qui d'ailleurs n'a pas à scruter la conscience intime du délinquant, mais à s'attacher tout au plus au but dans la mesure où il résulte de l'objet du délit.

Peu importe d'ailleurs que le délinquant ait eu pour but seulement de porter atteinte au crédit de l'État, le visant comme objet essentiel d'une campagne politique ou comme moyen secondaire en vue d'arriver à ses fins ultérieures.

Sans adopter textuellement la terminologie employée par la Cour de Rennes, on peut cependant lui emprunter sa formule (V. arrêt du 19 janv. 1926, affaire L.) :

« Considérant qu'il y a lieu d'examiner la question de savoir si L. a, dans le courant de 1925, provoqué ou tenté de provoquer la vente de titres de rente et autres effets publics dans un but de dépréciation ;

« Considérant que le délit suppose la réunion de deux éléments : 1° un fait matériel : une provocation à la vente des dites valeurs ; 2° un élément intentionnel caractérisé par le but auquel tend l'auteur du délit et qui doit être un but de dépréciation ;

« Considérant que l'élément matériel est caractérisé et établi par de très nombreuses déclarations des témoins ;

« Sur l'élément intentionnel , le but de dépréciation :

« Considérant que la loi de 1924, intervenant au moment où la crise financière devenait aiguë, à une époque où la nécessité de nouvelles émissions était envisagée, a eu pour objet évident de prévenir les campagnes éventuelles susceptibles de porter atteinte à la confiance et d'amoindrir le crédit de l'État;

« Que si la loi a voulu spécialement parer aux manœuvres concertées contre les valeurs d'État, il n'en est pas moins certain que la généralité de ces termes permet d'appliquer ces dispositions aux manœuvres de moindre envergure, même si elles sont entreprises dans un intérêt particulier et localisées dans une région ;

« Considérant qu'en l'espèce, L. , en dénigrant les valeurs d'État, en signalant complaisamment leur baisse constante et en mettant le public en garde contre la menace des conversions et des impôts problématiques, agissait ainsi dans un double but;

« Il ne saurait être contesté que de tels agissements *avaient tout d'abord pour but de déprécier les fonds d'État dans l'esprit des porteurs afin de les amener à les réaliser*, — c'était un premier but, — que sans doute L. poursuivait dans sa pensée un autre but, le but éventuel de proposer aux vendeurs un remploi de leurs fonds en valeurs qu'il préconisait;

« Mais considérant que cette intention finale du prévenu est sans influence sur le délit lui-même dont l'élément intentionnel est caractérisé, dès que le premier but a été atteint sans qu'il soit besoin de rechercher le profit indirect que L. pouvait, dans la suite, en tirer pour lui-même;

« Qu'une interprétation contraire mettrait d'une façon absolue obstacle à l'application de la loi de 1924, car il est impossible d'imaginer une espèce quelconque, soit politique, soit financière, sans apercevoir un but final autre que le but de dépréciation lui-même » (V., dans le même sens, l'arrêt de de la Cour de Besançon du 19 févr. 1926).

Ces expressions : intention finale, intention originelle, ne sont guère juridiques. La théorie de la finalité peut intéresser le philosophe, mais non le juriste. Il n'en est pas moins exact que l'intention de l'auteur du délit n'excluait pas une baisse des titres de l'État et y tendait avant d'arriver à la réalisation de sa spéculation.

Ce que le juge éprouve le besoin de décomposer en deux éléments, en réalité, vise deux choses différentes : l'intention finale était la spéculation ; l'intention originelle, c'est la dépréciation. Mais, dans certains cas, la spéculation n'est pas nécessaire pour consommer le délit; le juge n'a même pas à la connaître, la dépréciation lui suffit.

C'est cette distinction qui n'a pas été faite, notamment par les tribunaux de première instance. Ils ont cru devoir retenir ce que le Cour de Rennes appelle le but final. L'un de ces jugements s'exprime comme suit : « ... qu'ils (les prévenus) n'avaient pas en vue de les déprécier (titres de rente et autres effets publics) sur le marché, d'en faire baisser le cours; que leur seul but était d'amener les gens par eux sollicités à se procurer des fonds pour les employer à acheter les actions industrielles qu'ils étaient chargés de placer; qu'ils les engageaient à vendre à cet effet les valeurs quelconques dont ils étaient détenteurs » (V. Trib. correctionnel Orléans, 27 oct. 1925, Rec. *Gaz. Pal.* 1925. 2. 709); en général, les tribunaux de première instance se sont montrés hostiles à l'interprétation rigoureuse de la loi.

Les deux attendus n'ont pas la même signification juridique. Peu importe le but final. Il suffit de la première opération consciemment accomplie par le délinquant et qui consiste à déprécier les valeurs de l'État.

Il en est autrement du deuxième attendu, notamment que le délinquant aurait engagé à vendre à cet effet les valeurs quelconques dont il était détenteur.

Alors, le but n'était plus de porter atteinte au crédit de l'Etat, et le délit n'est pas consommé, par exemple, comme nous l'avons fait remarquer, si dans l'espèce l'agent présumé du délit s'était contenté de critiquer toutes les valeurs à revenu fixe, ce qui aurait eu, entre autres choses, pour résultat de faire vendre les fonds publics (V. Trib, Morlaix, 30 oct. 1925, infirmé par l'arrêt de la Cour de Rennes cité ; Jugement du Trib. de Bordeaux, 13 mars 1925, R. S. juin 1925, 277 et 280, réformé par Cour Bordeaux, 16 juin 1925., Rec. *Gaz. Pal.* 1925. 2. 451).

13. Aggravation des peines prévues par l'article 3. — L'article 3 ne prévoit pas un délit différent. Il aggrave les peines au cas où les agissements qui ont été analysés ont été accompagnés ou de faits faux ou calomnieux, semés à dessein dans le public, ou de voies et moyens frauduleux quelconques.

La portée des termes « faits faux ou calomnieux, ou de voies et moyens frauduleux quelconques » est déterminée par la jurisprudence à propos de l'article 419 du Code pénal auquel il y a lieu de se référer.

Il faut cependant faire remarquer qu'en aggravant les sanctions, le législateur a laissé entendre qu'il y a lieu d'interpréter les termes de faits faux ou calomnieux ou même de voies et moyens frauduleux quelconques d'une façon plus restrictive. La nouvelle échelle des peines, son aggravation exige non pas une interprétation par analogie, mais une interprétation plus rigoureuse. Les faits faux sont des faits contraires à la vérité. Ainsi, dire que le gouvernement se propose de faire faillite, quand il est exact, par exemple, que le gouvernement propose une faillite déguisée sous forme d'amputation ou de réduction du service des intérêts, ce n'est pas annoncer un fait faux, mais émettre une appréciation inexacte, tendancieuse.

Le fait faux n'est pas le mensonge pur et simple. Le fait calomnieux se prête à une interprétation plus souple et plus large. Ce qui serait imputation calomnieuse en ce qui concerne le particulier le serait également en ce qui concerne l'État.

Si donc l'auteur du délit présumé, au lieu d'apprécier d'une façon tendancieuse des projets réellement annoncés, en réalité tend à imputer à l'État ou au gouvernement des faits calomnieux dans le but de le discréditer et d'amener ainsi la dépréciation des titres, il y aura lieu d'appliquer les sanctions de l'article 3.

Les tribunaux hésiteront, étant donné la gravité des peines, à user des sanctions de l'article 3.

14. Sens des termes « but de spéculation ». — Ainsi que nous l'avons déjà fait remarquer, au cours des travaux préparatoires, le législateur ne semble pas avoir voulu dire que certains agissements étaient punissables seulement quand ils poursuivent un but de spéculation, et d'autres quand ils ont pour objet un but de dépréciation. Il n'en est pas moins vrai qu'il faut tenir compte du sens littéral de la loi. Aussi, pour appliquer les sanctions de l'article 2 contre ceux qui ont opéré ou tenté d'opérer la baisse des devises nationales, il faudra démontrer à leur charge qu'ils ont agi dans un but de spéculation.

On trouvera peut-être excessive cette distinction entre deux catégories d'agissements qui ont une égale importance, mais en matière pénale l'interprétation restrictive est de rigueur.

15. Compétence quand le délit de la loi du 12 février 1924 se réalise par la voie de la presse. — Sur ce point, des explications complètes ont été fournies au cours des travaux préparatoires.

La question fut agitée en 1903, au cours de la discussion de la loi du 3 février 1893 relative à la protection des caisses d'épargne. Le commentaire fut donné par M. Léon Bourgeois et il fut reproduit après, dans les mêmes termes, par le rapporteur, comme suit :

« En matière de presse, le principe est que la juridiction compétente est la cour d'assises; aux termes notamment de l'article 27 de la loi du 29 juillet 1881, dont j'ai parlé tout à l'heure, l'infraction prévue par cet article constitue un délit, et un délit qui est de la compétence de la cour d'assises. Mais, pour que la compétence de la cour d'assises s'affirme, en pareil cas, il faut qu'il s'agisse véritablement non pas d'un délit quelconque, mais de l'un des délits de presse prévus par la loi du 29 juillet 1881.

« Quand, au contraire, il s'agit d'un délit, même perpétré au moyen d'un journal, mais non prévu par la loi de 1881, c'est alors la juridiction de droit commun en matière de délit qui sera compétente.

« Notamment, à propos de la loi de 1893 et de son article 1er, il avait été indiqué que l'un des modes possibles de perpétration était le journal, et M. Léon Bourgeois a indiqué précisément, en réponse à une question de l'honorable M. René Goblet, que du moment qu'il s'agissait de l'application d'un texte spécial qui n'appartenait pas à la loi du 29 juillet 1881, c'était la juridiction de droit commun en matière de délit, c'est-à-dire le tribunal correctionnel, qui devait en connaître.

« Je dois dire que, depuis que cette consultation est tombée d'une bouche aussi autorisée, jamais on n'a mis en doute que la seule juridiction compétente, même quand il s'agissait d'un délit de ce genre, même perpétré par un journal, pût être une juridiction autre que celle que je viens d'indiquer.

« J'indique, au surplus, qu'en ce qui concerne les articles 419 et 420 du Code pénal, il n'est pas douteux que l'un des modes de perpétration du délit peut être un journal également.

« Or, en ce qui concerne ces articles 419 et 420, on n'a jamais mis en doute la question de savoir si, même dans ce cas, c'était la juridiction de droit commun, c'est-à-dire le tribunal correctionnel, qui devait en connaître.

« Et puisque j'ai parlé de la réponse faite à cette époque par M. Léon Bourgeois, permettez-moi de vous donner lecture de quelques lignes qui n'allongeront pas beaucoup le débat, mais qui me permettront, modeste rapporteur, de me couvrir de la consultation qui fut donnée à cette époque par le ministre de la Justice lui-même.

« M. Léon Bourgeois, garde des sceaux, ministre de la Justice, a répondu à M. Goblet dans les termes suivants :

« Les articles 419 et 420 du Code pénal existent à côté de l'article 27 de la loi de 1881. L'existence et l'application des deux articles du Code pénal ont été reconnues et maintenues par une jurisprudence constante, malgré l'article 27 de la loi de 1881. Il y a donc place pour l'une et pour l'autre de ces deux dispositions. Il existe des délits de presse, et, en dehors de ces délits, des délits spéciaux prévus et punis par le Code pénal. Ce principe très net a été proclamé dans l'article 45 de la loi de 1881. En déterminant une juridiction et les pénalités spéciales à l'occasion des délits de presse proprement dits, le législateur de 1881 n'a pas entendu supprimer les délits spéciaux prévus par le Code pénal, et pour lesquels les peines et la juridiction fixées par le Code pénal sont expressément maintenues... Alors même que le seul fait incriminé serait un article de journal, c'est un délit de droit commun prévu par le Code pénal, et c'est le tribunal correctionnel qui sera compétent ; ce n'est pas la loi sur la presse, mais le Code pénal dont il faudra assurer l'application. »

« Le Parlement, par le vote qui est alors intervenu, la jurisprudence, par les décisions de justice qui ont suivi, ont montré que, sans aucun doute, c'était la seule interprétation qu'il était possible de donner en pareille matière. »

15 *bis*. Observation. — On trouvera plus loin (V. *infra*, 95, 96 et annexe n° 11) les nouveaux projets dont il a été question pour renforcer la loi du 12 février 1929, en punissant des agissements qui, *indirectement,* ont pour but et objet ou plutôt pour résultat la dépréciation des devises nationales.

CHAPITRE II

LOI TENDANT A RÉPRIMER LE TRAFIC DES MONNAIES ET ESPÈCES NATIONALES

(*Journ. off.* 12 février 1916 ; D. P. 1916. 4. 323 et suiv.)

16. — La loi du 12 février 1916, maintenue en vigueur par celle du 16 octobre 1919, s'exprime comme suit : « Toute personne convaincue d'avoir acheté, vendu ou cédé, d'avoir tenté ou proposé d'acheter, de vendre ou de céder des espèces ou monnaies nationales, à un prix dépassant leur valeur légale ou moyennant une prime quelconque, sera condamnée à une peine de six jours à six mois d'emprissonnement et à une amende de 100 francs à 5000 francs, ou à l'une de ces deux peines seulement.

« La confiscation des espèces ou monnaies nationales sera obligatoirèment prononcée à l'encontre du délinquant, au profit de l'Assistance publique. L'article 463 du Code pénal est applicable aux délits prévus par la présente loi ; la loi de sursis n'est applicable que pour la prison. »

Ce texte n'est que le développement et le complément des articles 475, alinéa 11, et 478 du Code pénal.

La première proposition, due à l'initiative de M. Picard, comprenait un autre alinéa destiné à punir « ceux qui, dans un but de lucre, retiendraient par devers eux des quantités de monnaies et espèces nationales notoirement supérieures à leurs besoins courants ».

C'était une tentative de punir l'accapareur. Cette dernière partie de la proposition de M. Picard n'a pas été adoptée, par suite des difficultés pratiques que son application pouvait susciter.

Il n'en est pas moins vrai que ce qu'on voulait atteindre, c'était la chasse à la monnaie, la disparition graduelle de la monnaie, ce qui était de nature à gêner le commerce. Il y eut une véritable crise provoquée par la disparition d'une partie de la petite monnaie en circulation. Mais peu à peu on s'est armé de ce texte pour protéger la monnaie nationale et pour poursuivre ceux qui la réunissaient même sans l'accaparer pour pouvoir la revendre avec prime.

17. — Tombent donc, par conséquent, sous le coup de la loi tous ceux qui accomplissent l'acte visé par l'unique article du texte. La jurisprudence l'a étendu à la vente des valeurs industrielles moyennant une prime accordée aux acheteurs contre un payement effectué en or. En effet, une pareille opération revient à acheter des pièces d'or à un prix dépassant leur valeur légale (V. Trib. corr. Bordeaux, 13 mars 1925, infirmé par l'arrêt de la Cour de Bordeaux déjà cité, et arrêt de la Cour de cassation déjà cité, Rec. *Gaz. Pal.* 1925. 1. 451).

Cette loi a pour conséquence d'empêcher le créancier qui stipule en or de recevoir le payement en or, car les pièces d'or reçues par lui, en vertu de la loi du 12 février 1916, ne peuvent pas être cédées pour un prix dépassant leur valeur légale moyennant une prime quelconque (V. D. H. Chronique, 26 janv. 1926, « Les succédanés de la clause payables en or, » par M. Capitant).

17 *bis.* — Pour que les sanctions des lois du 12 février 1916 et 6 octobre 1919 soient applicables, le trafic doit avoir pour objet des monnaies étrangères ; cette circonstance constituant un élément essentiel du délit, le doute doit profiter au prévenu si la preuve de cet élément n'est pas établie (Douai 25 juin 1925, Rec. Douai 1925, 324, *Gaz. Trib.*, 23-24 avril 1926).

CHAPITRE III

LOIS RELATIVES A L'EXPORTATION, A L'IMPORTATION ET AU RAPATRIEMENT DES CAPITAUX ET TITRES ET A LA TENUE DU RÉPERTOIRE DE CHANGE.

(Loi du 3 avril 1918, loi du 28 février 1921, loi du 31 mars 1922, loi du 22 mars 1924, loi du 13 juillet 1925, décret du 12 août 1925, art. 34 de la loi de budget du 31 déc. 1925).

I

18. Point de départ, évolution de la jurisprudence. — La loi du 3 avril 1918 a fait l'objet de prorogations successives. La loi de douzièmes provisoires du 31 décembre 1925, article 34, l'a prorogée jusqu'au 31 décembre 1926. La loi du 3 avril 1918 a eu d'abord un objet bien précis : réglementer l'importation et l'exportation des capitaux et titres et combattre ainsi l'évasion des capitaux, son objet principal.

Une fois les textes édictés, on s'en est servi pour essayer de combattre la dépréciation du franc, et même pour surveiller sur le marché l'émission des valeurs, notamment celles qu'on a essayé de libeller en monnaie étrangère.

On n'a pas hésité, plus tard, à faire appel aux dispositions de la loi du 3 avril 1918, complétée et modifiée, dans un intérêt purement fiscal. Au moment où la loi a été votée, elle n'a été prévue que pour la durée de la guerre et les trois mois qui devaient suivre la cessation des hostilités. Il a été notamment entendu qu'elle ne s'inspirerait pas des préoccupations d'ordre fiscal. Cependant, pour mieux assurer les actes réglementés par les lois édictées, on a consolidé et développé les règles relatives à la tenue d'un répertoire de change, et les articles 74 et 75 de la loi des finances du 23 juillet 1925 ont soumis les opérations de change à un droit de timbre dont la quotité est fixée à 10 centimes par 1000 francs ou fraction de 1000 francs du montant de l'opération, et à la date du 25 janvier 1926 un décret a été promulgué déterminant les conditions d'application des dispositions fiscales. L'article 41 de la loi du 11 avril 1926 a porté le droit de timbre des opérations de change à 0,25 par 1000 francs.

Beaucoup de chemin a été fait entre le point de départ et le point d'arrivée. La jurisprudence civile s'étant inspirée de ces dispositions a conféré aux lois relatives à l'importation et à l'exportation des capitaux, et celles qui défendent le crédit de l'État, une très grave sanction civile : la nullité des opérations.

Observations. — Étant donné les diverses préoccupations qui inspirent le législateur, les tribunaux, le ministère des finances et autres administrations fiscales, il n'y a pas toujours une concordance parfaite entre les textes législatifs, les circulaires ministérielles, les décisions prises par les parquets et l'œuvre d'interprétation des tribunaux.

Pour ne pas trahir la pensée des auteurs de ces divers documents, nous estimons qu'il y a lieu de procéder en analysant séparément ces diverses sources de législation et de pratique administrative. A notre avis, des actes administratifs qui ne sont même pas pris dans la forme d'un règlement d'administration publique ont ajouté au texte légal, l'ont complété.

19. Rappel et évolution des textes relatifs à l'établissement et à la tenue du répertoire des opérations de change. — Ce qui prouve le caractère tout à fait empirique de l'œuvre du législateur, c'est l'institution du répertoire de change qui vient après l'organisation d'une commission de change, celle-ci elle-même sortie des nécessités de la guerre.

On a conservé de la période de la guerre et de l'ensemble des mesures prises par le ministère du blocus certains moyens et certains rouages destinés à surveiller le change.

Plus tard, quand par la loi du 1er août 1917 on a institué un répertoire des opérations de change, on a essayé de le justifier en rappelant que, déjà antérieurement, à l'occasion de l'établissement d'un droit de timbre sur les opérations de bourse des valeurs, un répertoire a été établi par l'article 30 de la loi du 28 avril 1893.

On a opportunément rappelé que la loi du 13 juillet 1911, article 10, modifiée par l'article 8 de la loi du 27 février 1912, a imposé aux courtiers, commissionnaires et toutes autres personnes faisant le commerce habituel de recueillir des offres et des demandes relatives à des marchés à terme ou à des livraisons sur marchandises et denrées dont le trafic à livrer est réglementé dans les bourses de commerce, la tenue d'un répertoire où sont consignées les opérations d'achat ou de vente traitées aux conditions des règlements établis dans les bourses.

L'article 36 de la loi du 29 mars 1914 a également prescrit la tenue d'un registre coté et paraphé, destiné à porter mention de toutes opérations de payement ou de négociation de coupons, chèques ou autres instruments de crédit sujets à la retenue de l'impôt.

Comme nous l'avons dit, aucune préoccupation fiscale ne semblait animer la loi en préparation ; mais, une fois le répertoire établi, la matière imposable signalée à l'attention du législateur, l'idée fiscale s'est présentée toute seule à l'esprit de ceux qui étaient chargés de réglementer le budget en déficit.

C'est d'ailleurs ainsi que sera toujours accomplie l'œuvre fiscale avec le plus d'efficacité : on découvrira tout d'abord là matière imposable, puis l'impôt sera établi après que les moyens de contrôle auront été forgés et perfectionnés.

Les textes qui régissent la tenue du répertoire de change préparent et complètent les dispositions relatives à l'importation et à l'exportation des capitaux. Parmi ces textes, nous signalerons l'arrêté du 17 juillet 1917, loi du 1er août 1917, l'arrêté du 4 septembre 1917, l'arrêté du 4 avril 1918, la loi du 28 février 1921 dont l'article 14 renforce les sanctions prévues par la loi du 1er août 1917, la loi du 13 juillet 1925, le décret du 12 août 1925 et les instructions du 10 févr. 1926.

L'arrêté ministériel du 11 mars 1920 précise la composition de la commission de change.

20. Obligation de créer un répertoire. — Personnes astreintes à la tenue du répertoire. — Mentions qui doivent y être portées. — Ces divers points se trouvent réglés par les articles 1 et 2 de la loi du 1er août 1917 ainsi conçu :

« Art. 1er. Quiconque fait profession ou commerce de recueillir, acheter eu vendre, négocier, escompter, encaisser ou payer des monnaies ou devises étrangères : coupons, titres d'actions ou d'obligations négociables, quels que soient leur dénomination et le lieu de leur création, dont le montant ou le prix est payable à l'étranger en monnaies étrangères ou payable en France en monnaie française, ou après négociation à l'étranger, sur une disposition de l'étranger, est tenu d'en faire la déclaration au bureau de l'enregistrement de sa résidence et, s'il y a lieu, au bureau de l'enregistrement de chacune de ses succursales ou agences, soit avant toute opération, soit, s'il exerçait avant la promulgation de la présente loi, dans les quinze jours à compter de cette promulgation.

« ART. 2. Les personnes désignées à l'article qui précède doivent exiger de toute personne avec laquelle elles effectuent l'une des opérations énumérées audit article la *déclaration* de son identité, de sa nationalité, de son domicile et tenir un *registre* en papier non timbré, visé et paraphé par le président ou l'un des juges du tribunal de commerce, sur lequel elles inscrivent, jour par jour, sans blanc ni interligne, chacune desdites opérations, sous réserve des dispositions spéciales de l'article 3.

« Devront également être inscrits sur ce registre les ordres donnés de France pour la vente à l'étranger de francs ou devises en francs contre les monnaies ou devises étrangères. »

21. Exceptions au principe de l'inscription au registre.
— Elles se trouvent inscrites dans le premier alinéa de l'article 3 :

« ART. 3. Seront *exceptées* de l'inscription au registre les négociations des titres d'actions et d'obligations libellées en monnaie étrangère, lorsque ces négociations n'auront d'autre but que d'en transférer la propriété en France, sans aucune opération de change sur l'étranger.

22. Opérations de change. — Pour ne pas entraver et rendre
difficiles les opérations de change, les mentions en ce qui les concerne ont été simplifiées :

« En ce qui concerne les *opérations de change* portant sur l'encaissement de la valeur des titres et de la valeur des dividendes, intérêts et arrérages de ces titres, il suffira de les grouper par journée et par nature de monnaies étrangères et d'en inscrire, pour chacune de ces monnaies, le montant total au répertoire prescrit par l'article 2, sans aucune indication (Alin. 2 de l'art. 3).

23. Communication aux agents du ministère des Finances, et sanctions. — Le registre prescrit par l'article 2 est *communiqué*
à toute réquisition aux agents désignés à cet effet par arrêté du ministre des Finances (Alin. 1ᵉʳ de l'art. 4 de la loi du 1ᵉʳ août 1917).

Les *contraventions* aux prescriptions des articles qui précèdent ainsi qu'à celles des arrêtés ministériels prévus à l'article 4 seront constatées par des procès-verbaux dressés par les agents dont la désignation est prévue audit article.

Elles seront punies d'une amende de cent à cinq mille francs (100 fr. à 5000 fr.). Les dispositions de l'article 463 du Code pénal sont applicables à la présente loi. (Art. 5 de la loi du 1er août 1917).

Ces dispositions ont été renforcées par l'article 14 de la loi du 28 février 1921, qui dispose que le minimum des amendes prévues par la loi du 1er août 1917 est porté à 1000 francs et qui, de même que pour la loi relative à l'exportation des capitaux, prévoit que les poursuites ne pourront être exercées qu'à la requête du ministre des Finances.

24. Initiative du ministère des Finances et pouvoir de transiger. — La même loi du 28 février 1921, qui laisse au ministère des Finances l'initiative de la poursuite, l'autorise à transiger et à retirer sa plainte avant le jugement et à abandonner ainsi les poursuites.

25. Mode d'établissement du répertoire. — Le 2e alinéa de l'article 4 de la loi du 1er août 1917 prévoit un arrêté du ministre des Finances en vue de déterminer le mode de ce registre, les indications à y porter, la forme des états récapitulatifs dont la remise périodique pourra être réclamée aux personnes désignées à l'article 1er de la loi du 1er août 1917.

<h2 style="text-align:center">II</h2>

Les arrêtés du 4 septembre 1917 et du 4 avril 1918. La division originaire du répertoire en trois parties.

Le répertoire a été d'abord divisé en trois parties :

26. Première partie du répertoire. — La première partie du répertoire reçoit l'*inscription des opérations* ayant pour résultat de procurer à celui qui tient le répertoire : des *monnaies ou devises étrangères*, coupons, titres d'actions ou d'obligations, etc., visés à l'article 1er de la loi du 31 juillet 1917, et dont le montant est *payable à l'étranger en monnaies étrangères*.

Conformément au 1er alinéa de l'article 3 de ladite loi, ne sont pas inscrites sur le registre les négociations de titres d'actions ou d'obligations libellées en monnaies étrangères, lesquelles n'ont pas d'autre but que d'effectuer en France un simple transfert de propriété *sans aucune opération de change sur l'étranger.*

Cette partie du répertoire présente *deux catégories distinctes :*

1° Les opérations conclues avec des personnes non astreintes à la tenue du répertoire ;

2° Les opérations conclues avec des personnes astreintes à la tenue du répertoire.

Doit être assimilé à une des opérations visées au 1er alinéa du présent article et inscrite avec les opérations de la première catégorie, toute affectation à usage de change par la personne qui tient le répertoire de titres d'actions ou d'obligations libellés en monnaies étrangères (Art. 2 de l'arrêté du 4 sept. 1917).

27. Deuxième partie du répertoire. — La deuxième partie du répertoire reçoit l'*inscription des ventes de monnaies ou devises étrangères,* coupons, titres d'actions ou d'obligations, etc., visés à l'article 1er de la loi, ainsi que des ventes de titres d'actions ou d'obligations *libellés en monnaies étrangères* que l'acheteur déclare vouloir affecter *à des opérations de change.*

Les opérations conclues avec des personnes astreintes à la tenue du répertoire et celles conclues avec d'autres personnes y sont représentées en *deux catégories comme dans la première partie* (Art. 3 de l'arrêté du 4 sept. 1917).

28. Troisième partie du répertoire. — L'article 4 de l'arrêté du 4 septembre 1917 est remplacé par les dispositions suivantes :

La troisième partie du répertoire reçoit les inscriptions suivantes quel qu'en soit le montant :

1° Tous chèques et effets (traites, mandats, billets, etc., quelle qu'en soit l'échéance) créés en France et présentés en France à l'encaissement, après avoir été négociés à l'étranger ;

2° Tous chèques et effets (traites, mandats, billets, etc., quelle qu'en soit l'échéance) tirés de l'étranger sur la France ;

3° Tous versements ou virements en francs sur ordre de l'étranger ou en faveur de l'étranger.

Les opérations d'un montant inférieur à 5 000 francs peuvent, à la fin de chaque journée, être groupées, par nature d'opérations, pour chaque pays d'où proviennent les effets ou pour le compte duquel les opérations sont effectuées.

. Les effets documentaires peuvent être groupés, quel qu'en soit le montant, par journée et par pays.

Ne devront mentionner ces opérations, à la troisième partie de leur répertoire, en se conformant aux indications du tableau annexé à l'arrêté ministériel du 4 septembre et modifié comme il est dit ci-après, que les personnes ci-dessous astreintes à la tenue du répertoire :

1° Le tiré pour les opérations indiquées au numéro 1 ci-dessus, ou, si le tiré n'est pas astreint au répertoire, le dernier porteur en France, astreint au répertoire, de l'effet après sa négociation à l'étranger ;

2° Le tiré, pour les opérations visées au numéro 2 ci-dessus, ou, si le tiré n'est pas astreint au répertoire, le dernier porteur en France, astreint au répertoire, de l'effet tiré de l'étranger ;

3° La personne qui tient le compte à débiter, en ce qui concerne les opérations désignées au numéro 3.

Les opérations inscrites à la troisième partie du répertoire devront être totalisées à la fin de chaque semaine (Art. 1er de l'arrêté du 4 avril 1918).

Suivant les nécessités du moment et en cédant à des considérations d'ordre pratique, les arrêtés ministériels sont amenés peu à peu à modifier l'importance des chiffres qui motivent leur inscription au registre. On le verra d'après la comparaison de l'article 4 de l'arrêté du 4 septembre 1917 et de l'article 2 de l'arrêté du 4 avril 1918.

L'article 6 de l'arrêté du 4 septembre n'exceptait d'une inscription distincte que les chèques d'une valeur inférieure à 1 500 francs quand leur négociation constituait pour le client acheteur ou vendeur une opération isolée.

L'article 6 déclare que les chèques, effets, traites, mandats, billets peuvent, à la fin de chaque journée, être groupés par catégorie de devises et par nature de monnaies étrangères lorsque chacune de ces devises est d'un montant inférieur à 25 000 francs, à condition que leur négociation ne constitue pour le client vendeur qu'une opération isolée (V. cependant les dernières mesures annoncées, nos 95, 96, pour les opérations *inférieures* à mille francs).

29. Tenue d'un répertoire spécial pour les opérations de change traitées « livraison ». — Un répertoire spécial sera tenu pour les opérations de change traitées « livraison » qui seront inscrites au fur et à mesure de leur négociation.

A leur échéance, ces opérations seront annulées par une inscription pour ordre et reportées sur le répertoire général. Elles seront alors comprises dans les soldes du répertoire général.

Un extrait de ce répertoire spécial, qui sera arrêté les 5 et 20 de chaque mois, sera envoyé au ministre des Finances (Commission des changes) les 10 et 25 de chaque mois en même temps que les copies du répertoire général (Art. 4 de l'arrêté du 4 avril 1918).

30. Modifications introduites par le décret du 25 janvier 1926. — Impôt sur les opérations de change. —

La loi du 23 juillet 1925 ayant établi un impôt sur les opérations de change, les mentions du registre ont été utilisées pour la perception d'un nouvel impôt, d'où une nouvelle mention prescrite. Il y a donc lieu, tout d'abord, de rappeler le principe même de l'impôt qui se retrouve dans les articles 1 et 2, 5, 6, 7 et 8 du décret :

Quiconque fait profession ou commerce de recueillir, acheter ou vendre, escompter, encaisser ou payer des monnaies ou devises étrangères, coupons, titres d'actions ou d'obligations négociables ou non négociables, quels que soient leur dénomination et le lieu de leur création, dont le montant ou le prix est payable à l'étranger en monnaies étrangères ou payable en France en monnaie française sur une disposition de l'étranger ou après négociation à l'étranger, est tenu de faire, avant toute opération, la déclaration de cette profession ou de ce commerce au bureau de l'Enregistrement de sa résidence et, s'il y a lieu, *au bureau de l'Enregistrement de chacune de ses succursales ou agences effectuant des opérations de change.* Cette déclaration doit être accompagnée de l'autorisation écrite du ministre des Finances, prescrite par l'article 69 de la loi du 22 mars 1924, ou d'une copie certifiée de cette autorisation.

Sont dispensées de la déclaration exigée par le présent article les personnes qui, avant la mise en vigueur du présent décret, ont souscrit la déclaration prévue par l'article 69 de la loi du 22 mars 1924 ou qui ont été dispensées de cette déclaration par application du dernier alinéa dudit article (Art. 1er du décret du 25 janv. 1926).

La déclaration prescrite par l'article précédent et qui est faite au siège de l'établissement principal est signée par le chef de l'établissement ou en vertu de sa procuration. S'il s'agit d'une société, la déclaration est signée par ses représentants légaux ou en vertu de leur procuration. Elle fait connaître, s'il y a lieu, les noms des associés solidairement responsables et rappelle le titre constitutif de la société. Elle contient la désignation de chacune des agences et succursales qui effectuent à un titre quelconque des opérations de change.

La déclaration qui est faite par les agences et succursale contient la désignation de l'établissement principal.

En cas de changement de siège, soit de l'établissement principal, soit d'une agence ou succursale, de même qu'en cas de création d'une agence ou succursale nouvelle, la déclaration préalable en est faite par les assujettis aux bureaux et dans les formes ci-dessus déterminées.

Une déclaration doit être également faite en cas de cessation des opérations, soit de l'établissement principal, soit de l'une des succursales ou agences, ou en cas de retrait de l'autorisation du ministre des Finances (Art. 2 du décret du 25 janv. 1926).

La taxe est liquidée sur le montant de l'opération en francs, calculé sur le cours décompté au client, sans déduction des frais de commission ou autres. Elle est perçue sur la valeur nominale des effets à échéance, sans déduction de l'escompte (Art. 5 du décret du 25 janv. 1926).

La perception des droits s'effectue au vu d'états déposés au bureau où a été souscrite la déclaration d'existence (Art. 6 du décret du 26 janv. 1926).

Les états prévus à l'article précédent sont établis le 5 et le 20 de chaque mois. Ils sont certifiés par le débiteur et comprennent le total des droits perçus sur les opérations inscrites entre ces deux dates (Art. 7 du décret du 25 janv. 1926).

Les états sont produits :

1° Entre le 5 et le 10, pour la période du 5 au 20 du mois précédent ;

2° Entre le 20 et le 25, pour la période du 20 du mois précédent au 5 du mois courant.

Le dépôt des états est accompagné du montant des droits, calculés sur le pied de 0 fr. 25 pour 1000 francs ou fraction de 1000 francs du montant de chaque opération. (Art. 41 de la loi d'avril 1926).

Il est déposé des états négatifs quand les répertoires ne mentionnent aucune opération sujette à la taxe depuis l'établissement du dernier état. (Art. 8 du décret du 25 janv. 1926).

31. Modifications dans les mentions du répertoire de change résultant du décret du 25 janvier 1926. — Une fois le principe établi, le répertoire de change dont la tenue est prescrite par la loi du 1ᵉʳ août 1917 a été immédiatement utilisé.

Les opérations assujetties à l'impôt prévu par l'article 74 de la loi du 13 juillet 1925 sont les opérations d'achat et de vente de change contre francs réalisées en France et inscrites au répertoire général (1ʳᵉ et 2ᵉ partie) (1ʳᵉ catégorie) dont la tenue est prescrite par l'article 2 de la loi du 1ᵉʳ août 1917 et par les arrêtés ministériels des 4 septembre 1917 et 4 avril 1918.

Les personnes ou sociétés désignées à l'article 1ᵉʳ du présent décret astreintes à la tenue de ce répertoire par les textes ci-dessus visés devront :

1° Compléter le répertoire général (1ʳᵉ et 2ᵉ partie) (1ʳᵉ catégorie) :

a) Par une colonne intitulée « Droits perçus » dans laquelle elles inscriront le montant du droit afférent à chaque opération imposable ou le total des droits afférents aux opérations qu'elles sont autorisées à grouper ;

b) Par une colonne « Observations » ;

2° Inscrire au répertoire (1ʳᵉ et 2ᵉ partie), dans la 1ʳᵉ catégorie, les achats et vente de change effectués par elles-mêmes pour leurs propres besoins ;

3° Reporter du répertoire spécial, prévu par l'article 4 de l'arrêté du 4 avril 1918, au répertoire général, à la date de la livraison, dans la même forme que les opérations au comptant et pour leur montant intégral, tous les achats et ventes traités « Livraison » sans exception d'aucune sorte (Art. 3 du décret du 25 janv. 1926).

Pour les opérations dont le montant peut, en vertu de la réglementation en vigueur, être inscrit globalement au répertoire, il y aura lieu de mentionner, dans la colonne « Observations » de la 1ʳᵉ catégorie de la 1ʳᵉ et de la 2ᵉ partie du répertoire, le nombre des opérations excédant 1 000 francs et le nombre des opérations qui n'excèdent pas 1 000 francs.

Les personnes ou sociétés désignées à l'article 3 devront représenter aux fonctionnaires de l'enregistrement des documents permettant de justifier le calcul de l'impôt (Art. 4 du décret du 25 janv. 1926).

32. Autre répercussion de la loi fiscale sur la tenue du répertoire relatif au change. Agences et succursales. — Le décret du 25 janvier 1926 déclare d'une façon précise, ce qui n'a pas été nettement indiqué à propos de l'établissement du répertoire des opérations de change, que de pareils répertoires doivent être tenus partout où il y aura des agences et des succursales. Cependant, pour ne pas entraîner de complications trop grandes, l'article 9 du décret déclare que les assujettis pourront, sur leur demande, être autorisés à centraliser à leur établissement principal, ou dans une agence ou succursale déterminée, les opérations de change effectuées dans certaines agences ou succursales. Dans ce cas, les opérations effectuées dans ces agences ou succursales seront inscrites sur le répertoire de l'établissement centralisateur et les droits y afférents seront compris dans les états déposés par cet établissement.

33. Faculté de tenir plusieurs volumes du répertoire. — L'article 10 du décret du 25 janvier 1926 permet aux assujettis d'utiliser simultanément autant de volumes de répertoire que l'exige l'organisation de leurs services.

34. Droit de communication. Le rôle des agents de l'Enregistrement. — Le contrôle dans un but fiscal venant se joindre au contrôle en vue de surveiller les opérations de change, le droit de communication se trouve étendu. On verra que la loi du 3 avril 1918, en visant une catégorie spéciale d'opérations qu'on appelle exportation matérielle ou importation matérielle, en a confié le contrôle et la constatation aux agents de la douane. Nous verrons cependant que ces dispositions n'étendent pas le texte à tous les cas prévus par les lois qui visent l'importation ou l'exportation des capitaux, fonds et titres. En tous cas, cette extension n'a pas été faite pour les opérations de change et pour les faits visés par la loi du 1er août 1917.

Par répercussion, le décret du 25 janvier 1926 étend la surveillance des agents de l'Enregistrement dans les termes suivants : « Le droit de communication des fonctionnaires de l'Enregistrement s'exerce dans les conditions prévues par les articles 22 de la loi du 23 août 1871 et 7 de la loi du 21 janvier 1875, tant au siège de l'établissement principal que dans les agences ou succursales sans distinction, *qu'elles tiennent ou non le répertoire. Ce droit de communication s'étend en outre aux répertoires des opérations de change.* »

35. Délimitation des sanctions. — Il n'y a pas lieu de confondre les sanctions prescrites à l'occasion de la tenue du répertoire des opérations et celles spécifiées dans l'article 13 du décret du 25 janvier 1926. Quoique les mêmes agents puissent se faire communiquer le répertoire des opérations de change en vue de surveiller les opérations de change et l'application de la nouvelle loi fiscale, les sanctions ne sont pas les mêmes pour les deux catégories de délits.

L'article 13 du décret du 25 janvier 1926 déclare simplement que toute infraction aux dispositions du décret est punie d'une amende de 100 francs à 5 000 francs en principal. — Nous savons que le minimum des amendes prévues par l'article 5 de la loi du 1er août 1917 est porté à 1 000 francs, le maximum à 5 000 francs. Or, le minimum pour les infractions au décret du 25 janvier 1926 est de 100 francs. Par conséquent, les sanctions du décret du 25 janvier 1926 sont, quant au minimum, moins graves que celles relatives à la tenue du répertoire de change. — Rien n'explique mieux le caractère empirique de la loi.

36. Dispositions spéciales quant aux rapports des banquiers entre eux. — La question s'est posée de savoir à qui incombaient les diverses obligations résultant des lois relatives à la tenue du répertoire de change et de celles relatives à l'importation et à l'exportation des capitaux. Est-ce aux banquiers vendeurs ou acheteurs ?

Une instruction émanant de la Commission des changes en date du 12 avril 1918 explique que les banquiers, pour les opérations qu'ils traitent entre eux et qui comportent transmission de fonds, n'ont pas à se produire réciproquement les déclarations et justifications prévues par la loi du 3 avril, et notamment que c'est au premier banquier tenant le répertoire des opérations de change qu'il incombe de se procurer auprès du donneur d'ordres les déclarations ou justifications qui peuvent être requises pour l'opération effectuée : que le ou les autres banquiers qui reçoivent ou transmettent successivement les fonds sur lesquels porte l'opération sont suffisamment couverts par le fait que l'ordre qu'ils exécutent émane d'un banquier tenant le répertoire des opérations de change et que c'est *à ce seul banquier qui a engagé l'opération sur l'intervention directe du donneur d'ordre qu'incombe conjointement avec celui-ci l'obligation de se mettre en règle avec les prescriptions de la loi.*

III

Importation et exportation des capitaux et titres. Analyse et coordination des textes législatifs.

37. Règle de l'autorisation ministérielle préalable. — La loi du 3 avril 1918 est restée en vigueur, mais peu à peu elle a subi des modifications qui ont fini par altérer son caractère primitif.

Le législateur qui procède par morceaux et par pièces n'a pas encore eu le temps de donner une nouvelle codification aux lois relatives à l'importation et à l'exportation des capitaux et titres. Les textes s'ajoutent les uns aux autres sans qu'on ait pris la peine de les coordonner.

Le premier travail à faire consiste à coordonner ces divers textes, ce que nous allons essayer de faire.

C'est toujours l'article 1er de la loi du 3 avril 1918, modifié par la loi du 31 mars 1922, qui formule le principe général dans les termes qui suivent :

« Art. 1er. — Sauf autorisation écrite du ministre des Finances, et sous réserve des dispositions de l'article 4, il est interdit à toute personne résidant en France, qu'elle agisse pour son propre compte ou pour le compte de tiers :

« 1° De constituer hors de France, par un moyen quelconque de crédit ou de change, à son profit ou au profit de tous tiers, un avoir en titres ou en fonds, pour dépôt ou placement, y souscrire à une émission, consentir un prêt à une personne résidant hors de France, acheter hors de France tous titres, biens ou produits quelconques si l'opération implique, pour la personne qui l'effectue ou pour le compte de laquelle elle est effectuée, un transfert quelconque de fonds ou de titres hors de France. »

Le paragraphe portant n° 2 de l'article 1er a été d'abord ainsi conçu :

« 2° D'expédier hors de France, en vue de leur réalisation, par l'entremise d'une personne résidant hors de France, des titres dont la contrevaleur ne ferait pas l'objet d'une remise en francs, ou donnerait lieu à un crédit en monnaie étrangère dont l'emploi ne serait pas conforme aux dispositions de la présente loi. »

Mais il a été modifié et abrogé par la loi du 31 mars 1922 :

1° Les dispositions du paragraphe 2 de l'article 1er de la loi du 3 avril 1918 sont abrogées et remplacées par les suivantes :

« D'expédier ou transporter hors de France, en vue de leur réalisation ou de leur encaissement, des titres ou coupons *dont la contrevaleur ne ferait pas l'objet, dans un délai de trois mois, d'une remise en France de francs ou de devises étrangères, ou, en ce qui concerne les titres, d'une introduction de titres de même valeur.* »

38. Assimilation du non-rapatriement des capitaux à l'exportation. — Sur ce point, la loi du 22 mars 1924 contient les dispositions suivantes :

Est à considérer comme exportation de capital, dans le sens de la loi du 3 avril 1918, le fait qu'un exportateur laisse à l'étranger le prix des marchandises exportées, à moins que cet exportateur ne justifie qu'il a besoin de ce prix pour payer des marchandises qu'il a importées ou qu'il importera dans les six mois. Un arrêté ministériel réglera les conditions d'application de la disposition contenue dans le présent alinéa.

39. De la nécessité, pour certains actes, d'avoir recours à un intermédiaire autorisé à tenir le répertoire des opérations de change. — Les dispositions primitives de la loi du 3 avril 1918 ont été encore modifiées par celles du 31 mai 1922, et le texte dans son ensemble se présente comme suit :

« ART. 2. — Une personne résidant en France, *même après avoir reçu, s'il y a lieu, toutes autorisations utiles du ministre des Finances,* ne peut, si l'opération qu'elle a en vue est d'un montant supérieur à 1 000 francs, acheter ou se procurer, directement ou indirectement, des devises ou monnaies étrangères, envoyer ou transférer hors de France des monnaies, valeurs ou titres, mettre des francs à la disposition d'une personne résidant hors de France (par chèques, tirages ou effets, par voie de virement ou d'ouverture de crédits), mettre en France des *titres* à la disposition d'une personne résidant hors de France, que par l'intermédiaire d'une personne astreinte à la tenue du répertoire des opérations de change. »

2° Les dispositions de l'article 2 de la loi du 3 avril 1918 sont complétées par les dispositions suivantes, qui prendront place entre les alinéas 1 et 2 dudit article :

« Les opérations prévues par le paragraphe 2 de l'article 1er ne peuvent, quel que soit leur montant, être effectuées, tant à l'entrée qu'à la sortie, que par l'intermédiaire d'une banque tenant le répertoire des opérations de change. » (V. annexe n° 11 : Circul. min. fin. 6 mai 1926, pour opérations de moins de 1 000 francs.)

40. Déclarations exigées par les intermédiaires. — Avant toute exécution d'ordre de cette nature, l'intermédiaire exigera de son client une déclaration écrite indiquant l'objet pour lequel les fonds ou titres sont envoyés hors de France ou mis en France à la disposition d'une personne résidant hors de France.

Les déclarations, et, s'il y a lieu, les autorisations du ministre des Finances seront conservées par l'intermédiaire qui les tiendra à la disposition des agents dont il est question dans l'article 5.

A l'appui de toute déclaration d'achat de marchandise hors de France, l'importateur devra fournir une licence d'importation et en faire mention dans ladite déclaration, ou mentionner expressément, sous sa responsabilité, dans sa déclaration écrite, qu'il s'agit de marchandises dont l'importation est libre.

Cette licence sera visée par l'intermédiaire qui apposera sur ladite pièce un timbre à date et y indiquera la nature et le montant du règlement pour lequel il est intervenu.

41. Définition des personnes résidant en France et hors de France. — Par les mots « personne résidant en France », il faut entendre, pour l'application de la présente loi, non seulement les particuliers résidant en France, mais encore *toutes sociétés françaises ou étrangères*, pour ceux de leurs établissements qui fonctionnent en France.

Par les mots « personne résidant hors de France », il faut entendre, pour l'application de la présente loi, non seulement les particuliers résidant hors de France, mais encore toutes sociétés françaises ou étrangères pour ceux de leurs établissements qui fonctionnent hors de France.

42. Exceptions au principe de la prohibition. — L'article 4 de la loi du 3 avril 1918, modifié par celle du 31 mars 1922, s'exprime comme suit :

La prohibition édictée par l'article 1er de la présente loi ne s'applique pas :

1° Aux fonds et aux titres que les particuliers et les sociétés résidant ou fonctionnant hors de France ont *ou pourront* avoir en France ;

2° Aux fonds qui seraient envoyés dans les colonies françaises et les pays de protectorat pour y être utilisés sur place dans l'agriculture, le commerce ou l'industrie ;

3° Au règlement des produits, denrées ou marchandises destinés à être importés, dans un délai maximum de six mois, en France, dans les colonies ou les pays de protectorat, conformément aux lois et règlements en vigueur.

Les dispositions de l'article 4 de la loi du 3 avril 1918 sont complétées par la disposition suivante :

« 4° Aux achats de devises étrangères effectués pour les besoins de leur propre entreprise par des industriels ou des commerçants non banquiers résidant en France, en utilisant la contre-valeur des fonds transférés par eux de l'étranger en France postérieurement à la promulgation de la présente loi.

« Pour bénéficier des dispositions ci-dessus, les intéressés devront avoir un compte chez une personne tenant le répertoire des opérations de change. »

43. Intervention des chambres de commerce. — L'intervention de la chambre de commerce est prévue par la loi du 22 mars 1924 :

A partir de la promulgation de la présente loi et sous réserve des dérogations que pourra accorder le ministre des Finances, la déclaration écrite prévue au paragraphe 3 de l'article 2 de la loi du 3 avril 1918 (modifié par la loi du 31 mars 1922) devra, dans les cas prévus à l'alinéa 3 de l'article 4 de ladite loi, être revêtue de l'avis favorable de la chambre de commerce du domicile du déclarant ou de tous autres organismes agréés.

Le refus d'avis favorable sera motivé par la chambre de commerce ou l'organisme agréé. L'intéressé pourra demander au ministre des finances l'autorisation d'effectuer l'opération qui aura donné lieu à ce refus (Art. 72 de la loi du 22 mars 1924).

44. Communication de divers actes aux agents désignés pour le contrôle et la surveillance. — Les déclarations visées à l'article 2, ainsi que les autorisations éventuelles du ministre des Finances, devront être communiquées, à toute réquisition, aux agents désignés à cet effet par le ministre des Finances.

Les personnes ou sociétés qui tiennent le répertoire des opérations de change devront, pour les opérations qu'elles ont effectuées pour leur propre compte, fournir à ces agents, qui en feraient la demande, des déclarations analogues, ainsi que les autorisations du ministre des Finances, s'il y a lieu.

Il ne pourra en aucun cas être fait usage, pour un motif autre que l'application de la présente loi, des déclarations et autorisations ci-dessus, ainsi que tous autres documents dont la communication aura été demandée par ces agents au cours d'enquête concernant les opérations visées par ladite loi (Art. 5 de la loi du 3 avr. 1918).

45. Principe de l'interdiction de l'importation des titres et valeurs mobilières. — L'importation en France de tous titres (actions, obligations ou bons), et en général de toutes valeurs représentant directement ou indirectement une part de propriété ou une créance, est interdite.

La création en France d'un certificat conférant à son porteur un droit sur des biens ou des valeurs existant à l'étranger est assimilée à l'importation prohibée au paragraphe précédent (Art. 6 de la loi du 3 avr. 1918).

46. Exceptions à la prohibition (Loi du 3 avril 1918, art. 7, complétée et modifiée par la loi du 31 mars 1922). — Sont exceptés de la prohibition édictée par l'article précédent :

1° Les valeurs émises depuis le début des hostilités par l'État français ;

2° Les titres échus remboursables en France et les coupons payables en France ;

3° Les titres[1] dont la personne qui en poursuit l'introduction en France était propriétaire avant la promulgation de la présente loi ou en est devenue propriétaire par succession depuis cette date (V. *Journ. off.* 19 mars 1926, « Dr. fin. » 1926, 153) ;

4° Les titres achetés ou souscrits en France depuis le début des hostilités ;

5° Les titres pour lesquels une autorisation générale ou spéciale aura été accordée par le ministre des Finances.

---

[1] Mais ces titres restent soumis à la déclaration détaillée prescrite par l'art. 21 de la loi du 13 juillet 1925.

Les dispositions de l'article 7 de la loi du 3 avril 1918 sont complétées par la disposition suivante :

« 6° Les titres acquis à l'étranger dans les conditions prévues par le paragraphe 2 de l'article 1er. »

Un décret rendu sur la proposition du ministre des Finances pourra, antérieurement au 31 décembre 1922, suspendre l'application des dispositions de la loi du 3 avril 1918, de l'article 13 de la loi du 28 février 1921 et du présent article.

47. Droit de poursuite et sanctions. — La loi du 3 avril 1918 a réglementé la matière dans ses articles 8 et 9 ; la loi du 28 février 1921 contient un article 13 qui augmente le taux des amendes, mais qui surtout confère au ministre des finances seul le droit d'exercer des poursuites :

Les dispositions de la loi du 3 avril 1918 réglementant l'exportation des capitaux et l'importation des titres et valeurs mobilières sont maintenues en vigueur jusqu'au 1er avril 1921 sous les modifications et additions suivantes :

« 1° Le minimum des amendes prévues par l'article 9 est porté à 1 000 francs ;

« 2° Les poursuites ne pourront être exercées qu'à la requête du ministre des Finances ;

« 3° Le ministre des Finances est autorisé à transiger, et le retrait de sa plainte avant le jugement entraînera l'abandon des poursuites. »

Les poursuites entamées par application de la loi du 3 avril 1918, de l'article 13 de la loi du 28 février 1921, du présent article, seront, nonobstant l'expiration, l'abrogation ou la suspension de ces dites lois, continuées jusqu'à solution définitive, et une condamnation pourra être valablement prononcée.

48. La loi du 22 mars 1924 a introduit les sanctions contre le non-rapatriement des capitaux dans son article 72, et dans ses articles 73 et 75 a aggravé les peines. — Les contraventions à l'article 72 de la présente loi sont passibles des sanctions prévues par l'article 9 de la loi du 3 avril 1918, par l'article 13 de la loi du 28 février 1921 et par l'article unique *in fine* de la loi du 31 mars 1922 (Art. 73 de la loi du 22 mars 1924).

L'article 9 de la loi du 2 avril 1918 est complété par les dispositions suivantes, qui seront insérées après l'avant-dernier paragraphe dudit article :

Les infractions aux dispositions de l'article 1er, toutes tentatives en vue de les commettre ainsi que les déclarations ou justifications prévues à l'article 2 qui auront été reconnues fausses seront passibles des amendes prévues ci-dessus et d'un emprisonnement d'un mois à six mois ou de l'une de ces deux peines seulement (Art. 75 de la loi du 22 mars 1924).

49. Rôle de l'Administration des Douanes pour la constatation des délits. — L'article 22 de la loi du 13 juillet 1925 a déterminé le rôle de l'Administration de la Douane.

Les dispositions de la loi du 3 avril 1918, de l'article 13 de la loi du 28 février 1921, de la loi du 31 mars 1922 et des articles 72 à 77 de la loi du 22 mars 1924, réglementant l'exportation des capitaux et l'importation des titres et valeurs mobilières, sont maintenues en vigueur jusqu'au 21 décembre 1925 sous les modifications et additions suivantes :

« Tombe sous le coup des pénalités édictées par la loi du 17 août 1915 l'exportation matérielle ou la tentative d'exportation matérielle de toutes monnaies, valeurs, titres et coupons, dont l'envoi hors de France est interdit par la loi du 3 avril 1918, complétée et modifiée par les lois subséquentes des 31 mars 1922 et 22 mars 1924 (art. 72 à 77).

« L'importation matérielle ou la tentative d'importation matérielle, sans déclaration, des titres et valeurs mobilières dont l'entrée en France est interdite par la loi du 3 avril 1918, complétée et modifiée par les lois subséquentes des 31 mars 1922 et 22 mars 1924 (art. 72 à 77) est passible des pénalités prévues par les lois des 28 avril 1816 (art. 41, 42 et 43), 21 avril 1818 (titre VI, art. 37) et 2 juin 1875 (art. 1er et 4).

« *Les infractions aux paragraphes 1er et 2 du présent article sont constatées, les instances instruites et jugées comme en matière de douane.* Les poursuites ne pourront être exercées que sur la plainte du ministre des Finances. Le ministre des Finances est autorisé à transiger. L'article 463 du Code pénal est applicable. »

Les dispositions des lois des 3 avril 1918, 28 février 1921 (art. 13), 31 mars 1922, 22 mars 1924 (art. 72 à 77), qui ne sont pas contraires à celles des alinéas 2, 3 et 4 du présent article, demeurent en vigueur.

50. Conciliation de l'article 22 de la loi du 13 juillet 1925 avec les dispositions précédentes. Modifications en résultant quant à la nature du délit. — L'article 22 a bien soin de préciser que les infractions sont constatées, les instances instruites et jugées comme en matière de douane; mais, d'une part, le rôle du ministre des Finances reste le même : seul il est autorisé à transiger. Ensuite, en principe, les dispositions précédentes, celles qui ne sont pas contraires aux alinéas 2, 3 et 4 de l'article 22, restent en vigueur.

L'article 22 nouveau vise l'exportation matérielle ou la tentative d'exportation matérielle et l'importation matérielle ou la tentative d'importation matérielle, sans déclaration, etc. Par conséquent, *tous les autres cas d'importation ou d'exportation qui se réalisent autrement que par l'exportation matérielle ou par l'importation matérielle,* par exemple le non-rapatriement des capitaux, ou même, à notre avis, l'envoi de chèques ou l'achat de devises étrangères en France, dans des conditions non autorisées, ne tombent pas sous le coup de l'article 22.

Ainsi, la Cour d'Aix, par arrêt du 30 octobre 1925, a réformé un jugement de condamnation rendu par le tribunal correctionnel de Nice en date du 16 mars 1925, qui a condamné à 100 francs d'amende un certain B... pour avoir tenté d'exporter hors du territoire français une somme de 4450 francs en billets de banque français. La raison de l'infirmation était que la poursuite des infractions à la loi du 13 avril 1918 ne peut, aux termes de l'article 13 de la loi du 28 février 1921, être exercée qu'à la requête du ministre des Finances.

Dans l'espèce, après la transmission du procès-verbal par l'Administration des douanes au Parquet, c'est le procureur qui a exercé la poursuite sans l'intervention préalable du ministre des Finances.

Le transfert de la surveillance de l'exportation des capitaux aux service des douanes semble avoir été surtout dicté par le désir d'assurer un contrôle à la frontière de la Sarre. Celle-ci, en effet, depuis le 1er janvier 1925, est comprise dans la ligne douanière française (V. *Les Lois nouvelles,* 1er-15 août 1925, III, 629).

Avant la mise en vigueur de l'article 22 de la loi du 13 juillet 1925, on pouvait se demander quelle était la nature de la peine édictée par la loi du 3 avril 1918. S'agissait-il d'un délit de droit commun ou d'une contravention douanière? La bonne foi du délinquant était-elle exclusive de toute répression?

Des auteurs ont soutenu qu'en fait la loi du 3 avril 1918 ne faisait que se rattacher à une série de dispositions précédentes, dont la première en date et la plus générale est celle du 17 août 1915 qui vise les importations ou tentatives d'importation des marchandises dont la sortie de France est prohibée.

L'article 1er de la loi dispose ce qui suit : « Quiconque aura commis ou tenté de commettre une infraction aux dispositions législatives ou réglementaires portant prohibition de sortie ... de certains produits ou objets sera puni d'un mois à deux ans d'emprisonnement et d'une amende de 100 à 5.000 francs, ou de l'une de ces deux peines seulement. Les marchandises et objets saisis seront confisqués ainsi que les moyens de transport. »

La Cour de cassation, saisie d'un pourvoi contre une sentence à laquelle cette loi a donné lieu, a décidé : « que si la confiscation des marchandises qui a fait la chose elle-même est encourue dans tous les cas où le fait matériel de la sortie ou de la réexportation est établi, les peines d'emprisonnement et d'amende, qui frappent l'auteur du délit, ne peuvent être prononcées qu'autant que la preuve de sa mauvaise foi est rapportée (Cass. crim. 13 déc. 1919, *La Loi* 28 janv. 1920).

Cette décision semblait s'inspirer des travaux préparatoires.

On a cité notamment le passage d'un rapport de M. Girard-Madoux qui disait : « ... La Loi permet aux commerçants honnêtes induits en erreur... de faire valoir l'excuse de bonne foi (V. *La Loi*, 18, 19 et 20 janv. 1920 ; Cass. 13 déc. 1919, note par M. Fabien Thibault).

Une loi du 11 novembre 1925 réprime la vente des navires de mer français à tout étranger.

C'est dans cet ordre d'idées que se place également la loi du 3 avril 1918 sur l'exportation des capitaux. Seulement, le texte de la loi était très général, parce qu'il ne visait pas uniquement le fait se traduisant par l'exportation matérielle ou par l'importation matérielle des marchandises. Dès lors, l'intervention de la douane n'était pas indiquée et la surveillance de la frontière n'était pas le seul moyen de faire constater le délit.

Des auteurs ont déduit de cette constatation cette conclusion que le délit créé par la loi du 3 avril 1918 est exclusif de la bonne foi. D'ailleurs, la loi ne prévoyait pas la confiscation des marchandises ; elle admettait l'application de circonstances atténuantes.

La situation n'a pas changé depuis le vote de la loi de 1925. Tout ce qui concerne l'exportation matérielle ou tentative d'exportation matérielle de toutes monnaies, valeurs, titres et coupons tombe sous le coup des pénalités édictées par la loi du 17 août 1915. Par conséquent, ce qui a été dit à propos de la loi relative à l'exportation des marchandises retrouve ici son application. Il est donc exact de dire qu'il y a lieu d'admettre l'excuse de bonne foi, et cela, d'autant plus qu'en réalité la douane n'a pas l'initiative des poursuites ni la faculté de transiger, qui sont réservées au ministère des Finances.

Quant à l'importation matérielle ou la tentative d'importation matérielle, elle est passible des pénalités prévues par les lois du 28 avril 1916, 21 avril 1918 et 2 juin 1875. Elle est assimilable à cet égard à une contravention douanière. Dès lors, elle devrait être punissable, même en cas de bonne foi ; mais le droit de poursuite reste toujours entre les mains du ministre des Finances, qui seul dispose du droit de transaction.

Il est nettement indiqué que l'article 463 du Code pénal est applicable. Il semble qu'il y a lieu de maintenir à la loi du 3 avril 1918, même modifiée, son caractère mixte, qui résulte de la décision de la Cour de cassation à propos de la loi relative à l'exportation des marchandises (V. *La Loi* 30 juill. 1920, Fabien Thibault : *De la nature du délit d'exportation des capitaux*).

En résumé, dès le début, la loi du 3 avril 1918 excluait la confiscation, admettait l'application de circonstances atténuantes et ne relevait même pas des agents douaniers pour la constatation des délits ; donc elle ne créait pas un délit de caractère contraventionnel. Depuis la loi de 1925, dans les cas d'importation et d'exportation matérielles par application des dispositions douanières et de la loi de 1915, la confiscation devient possible. La loi garde quand même son caractère *sui generis* et, par conséquent, elle est exclusive de la bonne foi, quand il ne s'agit pas de sanctions purement fiscales.

51. Mesures prises contre la caducité des poursuites en cas d'abrogation de la loi. — La loi du 31 mars 1922, pour empêcher la caducité des poursuites déjà commencées en cas d'abrogation ou même de suspension de la loi, a édicté une disposition aux termes de laquelle les poursuites entamées, par application de la loi du 3 avril 1918 et de l'article 13 de la loi du 28 février, seront, nonobstant l'abrogation ou la suspension de la loi, continuées jusqu'à une solution définitive, et une condamnation pourra être valablement prononcée.

52. Suspension provisoire des poursuites jusqu'au 1er janvier 1926. Amnistie. — En vertu de l'article 21 de la loi du 13 juillet 1925, a été rendu un décret du 12 août 1925, aux termes duquel a été suspendue jusqu'au 1er janvier 1926 l'application des dispositions des titres VI et VII de la loi du 3 avril 1918 complétés par le paragraphe 4 de l'article unique de la loi du 31 mars 1922.

L'article 21 de la loi du 13 juillet 1925 a organisé une amnistie pour ceux qui se mettraient en règle avec la loi dans un certain délai, dans les termes qui suivent :

« Toutes personnes de nationalité française domiciliées ou résidant habituellement en France et possédant à l'étranger, au jour de la promulgation de la présente loi, sous quelque forme que ce soit, des dépôts de sommes ou de valeurs mobilières, qui transféreront en France, avant le 1er janvier 1926, lesdites sommes ou valeurs mobilières ne pourront être recherchées en payement de tous droits, taxes ou pénalités dont elles seraient débitrices à raison de la possession de ces sommes et valeurs. Passé ce délai, ne bénéficieront pas des mêmes avantages les redevables français qui auront maintenu des biens mobiliers à l'étranger. »

I V

Caractère de la déclaration. — Sanctions.

53. Déclaration imposée à certaines personnes quant aux biens mobiliers et immobiliers possédés par elles à l'étranger. — a) *Caractère de la déclaration. Sanction.* — A partir du 1er janvier 1926, toutes personnes de nationalité française domiciliées ou résidant habituellement en France, conservant à l'étranger des biens mobiliers ou y possédant des biens immobiliers, devront fournir, dans les deux premiers mois de chaque année, au contrôleur des Contributions directes, une déclaration détaillée décrivant la nature, la valeur de ces biens et le revenu y attaché. Cette déclaration sera obligatoire, que le contribuable soit ou non assujetti à l'impôt sur le revenu [1].

Toutefois, il ne pourra être réclamé aucun supplément de droit,

---

[1] *Elle s'applique même aux biens introduits à l'étranger avant la promulgation de la loi du 3 avril* 1918.

ni appliqué aucune amende fiscale aux personnes qui auront spontanément et complètement réparé, dans les déclarations devant intervenir avant le 1er mars 1926, les insufficances, omissions ou dissimulations antérieures au 1er janvier 1926.

La déclaration, tant des différents éléments d'actif que du revenu, se fera sous la foi du serment.

L'absence de déclaration, comme la déclaration sciemment inexacte, sera punie, outre des sanctions prévues par l'article 366 du Code pénal, d'une amende égale (décime compris) à la moitié du montant de l'avoir dissimulé, sans préjudice de l'affichage du nom du contrevenant et des motifs de la contravention à la porte de la mairie du lieu de son imposition.

Les articles 59, 50 et 463 du Code pénal sont applicables au délit spécifié au présent article (Art. 21 de la loi du 13 juill. 1925).

Les dispositions qui précèdent ne s'appliquent pas aux exportateurs soumis aux dispositions de la loi du 22 mars 1924, article 72.

Aucune poursuite pour infraction à la loi du 22 mars 1924, article 72, ne sera exercée contre les exportateurs résidant en France qui auront rapatrié avant le 1er janvier 1926, par une remise en francs, les fonds qu'ils avaient irrégulièrement à l'étranger au regard de la loi susvisée.

L'article 21 de la présente loi est applicable à l'Algérie.

b) Aux termes de l'article 21, la déclaration, tant des différents éléments d'actif que du revenu, se fera *sous la foi du serment.*

Il est bien évident que le dépôt de la déclaration ne sera pas accompagné d'une prestation matérielle de serment. Par la formule en question, le législateur a simplement voulu marquer que la sincérité de la déclaration serait considérée comme affirmée « sur l'honneur et dans les termes qui entraînent, le cas échéant, les sanctions des articles du Code pénal punissant le faux serment » (Déclarations de M. le rapporteur général de la Commission des finances de la Chambre, 2e séance du 28 févr. 1915, Débats, p. 1445).

Effectivement, l'article 21 spécifie que l'absence de déclaration, comme la déclaration sciemment inexacte, donnera lieu à l'application d'une amende égale (décimes compris) à la moitié du montant de l'avoir dissimulé, et qu'elle sera punie, en outre, des sanctions prévues par l'article 366 du Code pénal, qui sont celles du faux serment[1], sans préjudice de l'affichage du nom du contrevenant

---

[1] L'article 366 du Code pénal est ainsi conçu : « Celui à qui le serment aura été déféré ou référé en matière civile, et qui aura fait un faux serment, sera puni d'un

et des motifs de la contravention à la porte de la mairie du lieu de son imposition.

Les articles 59 et 60 du Code pénal seront applicables au délit ainsi spécifié, en sorte que les complices tomberont sous le coup des mêmes peines que l'auteur principal du délit.

L'article 463 du même Code, relatif à l'admission de circonstances atténuantes, pourra également être appliqué,

On remarquera que l'*absence de déclaration* entraîne *de plano* l'application des sanctions prévues. Par contre, l'*insuffisance de déclaration* n'est punissable que si elle a été commise sciemment.

Lorsqu'ils constateront des infractions de cette nature, les agents en relateront les circonstances dans un rapport adressé à leur chef de service, qui saisira, s'il y a lieu, l'autorité judiciaire en vue de l'application des sanctions encourues (V. n°s 79 et 80).

54. Extension de la loi aux colonies. — L'article 13 de la loi du 3 avril 1918 s'exprime comme suit :

La présente loi est applicable en Algérie.

A partir du moment où les dispositions analogues auront été rendues exécutoires dans les pays de protectorat de l'Afrique du Nord, le territoire de ces pays sera, comme celui de l'Algérie, assimilé à celui de la métropole pour l'application de la présente loi (Art. 13 de la loi du 3 avril 1918).

L'assimilation de la Tunisie à la métropole résulte de la promulgation du décret beyliacal du 27 avril 1918 (*Journ. off. tunisien* du 25 avr. 1918. V. n° 58).

55. Interprétation des textes législatifs par les instructions ministérielles. — Parmi ces instructions, celle du 15 juin 1918 est la plus importante et, à part quelques modifications résultant des lois déjà analysées, elle constitue une véritable codification. Elle a été précédée par une instruction spéciale du 1er mai 1918 relative aux chèques, et après la loi du 31 mars 1922, une circulaire a été publiée, relative à l'application de cette dernière loi. Nous

---

emprisonnement d'une année au moins et de cinq ans au plus, et d'une amende de cent à trois mille francs.

« Il pourra, en outre, être privé des droits mentionnés en l'article 42 du présent Code, pendant cinq ans au moins et dix ans au plus, à compter du jour où il aura subi sa peine, et être placé sous la surveillance de la haute police pendant le même nombre d'années. »

croyons utile de reproduire ces divers textes presque textuellement, avec leurs divisions, sauf à en expliquer certains points et à les compléter. (En dehors de ces instructions, nous utiliserons notre étude juridique : *Loi relative à l'exportation des capitaux et à l'importation des titres*, 1919 ; Logneau, *La législation relative à l'exportation des capitaux*. Libr. Dalloz, 1925.)

IV

Instruction du 15 juin 1918.

56. A. Principes généraux. Cas de déclaration et de justification préalable. — D'après l'article 2 de la loi, toute personne résidant en France ne peut acheter des monnaies ou devises étrangères ou transférer hors de France des fonds, valeurs ou titres pour un *montant supérieur à mille francs,* sans recourir à l'intermédiaire d'un banquier qui tient le *répertoire des opérations de change.*

Est assimilée à un achat de devises étrangères, la mise à la disposition d'une personne résidant hors de France de sommes en francs, sous quelque forme que ce soit.

Le banquier doit, dans tous les cas, sauf s'il s'agit d'une opération isolée d'un montant maximum de mille francs, exiger de son client une *déclaration précisant l'objet de l'opération* et, dans certains cas seulement, des justifications à l'appui de cette déclaration.

En outre, si l'opération est soumise à autorisation, le banquier ne peut y prêter son concours qu'après l'obtention de cette autorisation (spéciale ou générale) du ministre des Finances (Commissions des changes).

Note (Loi du 31 mars 1922). — Même pour un montant inférieur à mille francs, les opérations prévues par le paragraphe 2 de l'article 1er doivent être effectuées par l'intermédiaire d'une banque tenant le répertoire des changes.

57. A quel moment les justifications doivent être fournies. — La question s'est posée de savoir à quel moment précis le banquier doit exiger de son client, à l'occasion de ses diverses opérations, la déclaration écrite, aux termes de l'article 2 de la loi du

3 avril 1918. On prétendait que cette formalité n'était exigée que lors de l'exécution de la remise des devises étrangères et non lors de la réception de l'ordre et avant son exécution. Une décision du Tribunal civil de la Seine, confirmée par un arrêt de la Cour d'appel de Paris, explique au contraire que le texte de la loi porte « avant toute exécution d'ordres de cette nature », tandis que, quand il s'agit du marché à terme, la livraison des titres, des valeurs et devises constitue l'exécution même de l'ordre et ne le précède pas.

Il est vrai que ce jugement n'explique pas pourquoi l'autorisation ne pourrait pas être demandée entre le moment où l'ordre est donné et celui où les titres doivent être livrés en exécution de l'ordre (V. Trib. civ. Seine, audience du 26 décembre 1924, *Rec. Gaz. Trib.* juill. 1925, II, 525 ; Paris, 3 déc. 1925, *Gaz. Trib.*, 3 et 4 févr. 1926).

58. B. Exceptions générales. La définition de la résidence hors de France. — La nouvelle réglementation ne s'applique pas aux envois hors de France de fonds et titres, quel qu'en soit le montant, que les *particuliers ou sociétés résidant ou fonctionnant hors de France* ont ou pourront avoir en France (art. 4, § 1).

Ces opérations continuent à pouvoir être faites *librement* comme auparavant.

Cependant, si les détenteurs de fonds ou titres appartenant à des particuliers ou sociétés résidant ou fonctionnant hors de France ne tiennent pas le *répertoire des opérations de change*, ils devront, pour effectuer des transferts, s'adresser, conformément à la loi, à une banque ou à un banquier assujetti et fournir la déclaration prévue au n° 3, lettre B, du chapitre ci-après relatif aux « Transferts de fonds ou de titres pouvant être effectués sur simple déclaration écrite précisant l'objet de l'envoi ».

En ce qui concerne *les colonies et possessions françaises,* le régime est le suivant :

a) L'Algérie est assimilée entièrement à la métropole ;

b) Pour les autres colonies ou pays de protectorat :

Le *règlement des produits,* denrées ou marchandises destinés à y être *importés* est soumis aux conditions stipulées pour les importations dans la métropole et précisées ci-après ;

Toutefois, les pays de protectorat de l'Afrique du Nord seront entièrement assimilés à la métropole à partir du moment où les dispositions de la loi du 3 avril 1918 auront été étendues à ces pays[1].

La résidence « en France » ou « hors de France », dans le sens de la loi, doit s'entendre d'une *résidence habituelle*, prolongée, et non d'une résidence accidentelle ou provisoire.

C'est là une question de fait.

Dans les cas douteux, les banques pourront demander toutes les justifications utiles à leurs clients ou provoquer une autorisation spéciale de la Commission des changes.

La définition de la résidence hors de France d'après la jurisprudence. — La loi s'applique à toute personne qui vient en France recueillir des souscriptions et transporter ensuite à l'étranger, sans une autorisation ministérielle, les sommes versées par les souscripteurs français. *Peu importe* que le collecteur de ces sommes prétende qu'il ne réside pas en France d'une façon permanente, *qu'il n'y a qu'une résidence passagère*. La loi de 1918 vise non seulement ceux qui ont en France une résidence habituelle ou qui y font des séjours prolongés, ceux qui à ce titre sont astreints à la déclaration prévue par le décret du 2 octobre 1888, mais ceux qui y ont une résidence passagère et n'y font qu'un séjour momentané et de courte durée (Trib. corr. Seine, 11 déc. 1922, *Rec. Gaz. Trib.*, 1923. II. 267 et note; Paris, 3 juill. 1923, *Rec. Gaz. Pal.* 1923. II. 617.

Mais d'ores et déjà peuvent être considérés comme « résidant hors de France » pour l'application de la loi :

Les représentants en France des gouvernements étrangers (chefs de mission diplomatique, conseillers ou secrétaires d'ambassade, consuls de carrière où leurs représentants dûment accrédités), à condition qu'ils agissent ès qualités.

59. C. Division des cas d'application. — Tous les autres envois ou transferts de fonds ou de titres, effectués par une personne résidant et visés par la loi du 3 avril 1918, peuvent rentrer dans une des trois catégories ci-après :

1° Ceux qui sont soumis à une *autorisation préalable* de la Com-

---

[1] L'assimilation de la Tunisie à la métropole résulte de la promulgation du décret beylical du 24 avril 1918 (*Journal officiel tunisien* du 27 avril). Pour le Maroc, V. la réponse du ministre des Finances à une question (*Journ. off.*, 20 janv. 1926).

mission des changes, indépendamment de la déclaration écrite du client précisant l'objet pour lequel les fonds sont envoyés ;

2° Ceux qui peuvent être faits *sans autorisation*, sur la simple production de la *déclaration écrite* précitée et de certaines justifications prévues par la loi ;

3° Ceux pour lesquels la *déclaration écrite* indiquant le but de l'envoi est suffisante, *sans* autres *justifications* immédiates.

60. Transferts de fonds ou titres soumis à autorisation préalable (art. 1er, n° 1). Règlement des marchés à terme.

— Rentrent dans cette catégorie, tous transferts ou remises, directs ou indirects, de fonds ou de titres à l'étranger :

a) Pour dépôt ou placemement (dépôt libre ou en garantie d'avances, cautionnement, commandite, primes d'assurances sur la vie ou en cas de décès souscrites depuis la loi du 3 avril 1918, etc.) ;

b) Pour souscription à une émission (actions, bons, obligations, etc. émis à l'étranger) ;

Observation : Le parquet a été parfois requis par la commission de change de poursuivre, même au cas où la souscription a eu lieu pour ne pas perdre le bénéfice d'un droit de préférence antérieurement acquis.

c) A titre de prêt, pour quelque cause que ce soit (ouverture de crédits, avances, à l'exception des facilités de caisse dites de courrier, etc.) ;

d) Pour acquisition de tous titres, biens et produits quelconques, autres que des produits, denrées ou marchandises, soit importés, soit destinés à être importés dans un délai maximum de six mois, en France, dans les colonies ou les pays de protectorat, conformément aux lois et règlements en vigueur ;

e) L'interdiction d'exportation, sauf autorisation, frappe également les titres et coupons dont la contre-valeur doit rester à l'étranger et servir à des opérations visées par l'article premier (n° 1) de la loi du 3 avril (V. texte modifié par le paragraphe 1er de la loi du 31 mars 1922).

Il s'ensuit qu'*une autorisation est indispensable* pour les envois de fonds ou de titres à l'étranger correspondant à des acquisitions à l'étranger :

1° De tous titres, créances, fonds publics, actions, obligations, bons, etc.

(En cas de remploi de titres amortis, l'autorisation n'est nécessaire que dans le cas où il y a un transfert de fonds supplémentaire) ;

2° De biens de toute nature, y compris les navires ;

3° De produits, denrées ou marchandises quelconques destinés à être :

Soit importés en France, dans les colonies ou pays de protectorat, dans un délai supérieur à six mois, soit stockés à l'étranger ;

Soit exportés d'un pays étranger dans un autre pays étranger, avec ou sans transit par la France.

Pour le *règlement du prix des marchandises* par les commissionnaires exportateurs, et le *règlement de différences* sur les marchés étrangers, même s'il s'agit d'engagements pris en couverture d'opérations de livraison réelle, etc. (V. *Journ. off.*, 20 janv. 1926).

Pour une certaine catégorie de commissionnaires et notamment ceux de la place du Havre : sucre, café, coton ; on délivre des autorisations générales d'une nature particulière qui s'appliquent aux règlements des différences, même ceux dus au jeu des clauses de marge (V. formule de l'autorisation dans l'annexe n° 12).

61. Forme de l'autorisation. — L'autorisation donnée par la Commission des changes peut être *spéciale,* si elle concerne un transfert déterminé ; *générale,* si elle s'applique soit à des transferts ou envois successifs de même nature, soit à des besoins en devises sur différents pays pour un laps de temps déterminé.

L'autorisation spéciale sera conservée par la banque.

Au contraire, l'autorisation générale devant servir à des opérations multiples pouvant être faites dans plusieurs banques sera conservée par le bénéficiaire.

Dans ce cas, les banques se borneront, d'une part, à exiger des intéressés qu'ils mentionnent sur leur déclaration écrite la date, le numéro de l'autorisation et le solde encore disponible, pour chaque devise étrangère, sur le montant accordé et, d'autre part, à inscrire elles-mêmes sur l'autorisation générale, qu'elles rendront à leurs clients, après l'avoir visée et estampillée, la date et le montant de l'opération faite par leur intermédiaire.

La justification doit être demandée avant.

Une fois l'autorisation générale épuisée, les bénéficiaires la renverront à la Commission à l'appui de toute nouvelle demande d'autorisation.

Observation. Une disposition spéciale prévoit des dérogations en faveur du commerce de l'importation quand le commissaire exportateur ne remplit pas les conditions de l'alinéa 3 de l'article 4, et quand il procède à des règlements pour des opérations autres que celles qui sont prévues par cet alinéa, il est soumis à la condition de l'autorisation préalable. Seulement des facilités spéciales lui sont accordées par la pratique du ministère des Finances. Il jouit d'une autorisation générale accordée pour une durée déterminée et s'élevant à un chiffre fixé d'avance. Ces autorisations sont accordées d'après une formule qui en fixe les conditions.

Nous en donnons un modèle.

AUTORISATION GÉNÉRALE

(Valable . . . mois)

... Sont autorisés à faire régler à l'étranger pour les montants ci-après indiqués l'achat de produits, denrées ou marchandises destinés à être exportés dans d'autres pays, ainsi que les frais relatifs à ces achats.

Ces règlements devront être effectués par l'intermédiaire d'une banque tenant le répertoire des opérations de change à laquelle devra être remise la déclaration écrite prévue par la loi précisant l'objet du transfert.

Cette autorisation devra être présentée lors de chaque règlement à la banque chargée de l'effectuer, en même temps que les factures correspondantes au transfert de fonds demandés.

Mention de chaque règlement sera portée, au dos de la présente autorisation, par la banque qui visera et estampillera les factures présentées.

... Seront appelés par la suite à justifier par des attestations de banques de l'entrée en France de sommes équivalant au montant des fonds exportés.

Il est rappelé qu'en exécution des prescriptions de l'art. 72 de la loi du 22 mars 1924, le prix des marchandises vendues à l'étranger doit être rapatrié en France ; toutes justifications à cet égard pourront être exigées.

Par Délégation du Ministre,
Le Président du Comité.

Il est évident que la tolérance dont on fera preuve vis-à-vis des commissionnaires dépendra du résultat que les opérations du commissionnaire peuvent avoir au point de vue du change. Le Comité exécutif de la Commission des changes attire l'attention du commissionnaire sur les inconvénients d'ordre général que présentent les achats effectués pour le compte étranger dans les pays où notre monnaie se trouve être l'objet de la plus forte dépréciation, tels que l'Espagne et la Suisse, et où les ressources très limitées de change doivent être scrupuleusement réservées pour les besoins de la défense nationale.

Aussi, suivant les conditions du change, le ministère des Finances peut inviter le commissionnaire à limiter ses achats dans certains pays comme l'Espagne et la Suisse.

Le rapport du ministre des Finances du 25 juin 1918 s'exprime comme suit à cet égard : « La Commission des changes s'est mise, à cet effet, d'accord avec le président de la Chambre des négociants commissionnaires et du commerce extérieur de Paris, pour délivrer aux adhérents de cette chambre des autorisations générales au moyen desquelles ils peuvent, en produisant les factures correspondant à leurs achats, se procurer auprès des banques, tenant le répertoire des changes, les monnaies ou devises étrangères nécessaires à leurs règlements. Il leur a été seulement indiqué qu'ils devront limiter au minimum leurs achats dans les pays où notre monnaie se trouve être l'objet de la plus forte dépréciation, et où les ressources très limitées de change doivent être réservées aux besoins de la défense nationale. »

Ces facilités ont été portées à la connaissance de toutes les chambres de commerce par une circulaire que la Commission des changes leur a adressée après entente avec le ministère du Commerce. Il a paru utile, en effet, non seulement de répondre à des demandes légitimes, mais de les provoquer, tant pour assurer l'avenir de nos exportations que pour conserver à notre marché financier le bénéfice d'opérations qui sont un élément de son activité.

Des facilités analogues ont été accordées à l'Union des marchands de soie et aux fabricants de soieries de Lyon. Le commerce et l'industrie dont il s'agit doivent, en effet, pour les achats ds soie filée qu'ils effectuent à l'étranger, s'assurer le change au moment de la conclusion des contrats, sans attendre l'époque des payements, qui ont lieu seulement au fur et à mesure des livraisons sur les places d'origine. Il a donc été entendu que les banques astreintes au répertoire pourraient, sans qu'il leur fût produit d'autorisation d'importation, fournir du change aux intéressés sur simple déclaration précisant l'objet du transfert de fonds, et visés par la Chambre de commerce de Lyon. chargée du contrôle.

Il a paru utile également d'accorder aux armateurs une autorisation générale pour transférer à l'étranger les sommes nécessaires au règlement des frais d'exploitation de leur flotte. Les moyens de change sont accordés par les banques astreintes au répertoire sur production de la déclaration des intéressés, appuyée de justifications variables suivant la nature des frais à régler.

Autorisation pour les opérations de change et d'arbitrage. — Au moment de la discussion de la loi au Sénat, M. Touron a appelé l'attention du ministre des Finances sur la nécessité de permettre au commerce d'exportation de recevoir et de négocier en France des remises de l'étranger sur la France et sur l'étranger. En effet, pris à la lettre, le texte semble rendre impossible toute opération de change sans l'autorisation ministérielle. Cependant, la balance commerciale étant en ce moment défavorable à la France, les résultats de notre commerce international ne suffisent pas pour nous procurer du change à l'intérieur du pays. Le commerce d'exportation ne peut recevoir de couverture ni en produits ni en change, c'est-à-dire en créance sur l'étranger. Notre fabrication étant entravée par suite du manque de main-d'œuvre, nos commissionnaires, faisait remarquer M. Touron, obligés d'acheter des produits en Angleterre, par exemple pour les envoyer à leurs clients également à l'étranger, sont dans la nécessité de trouver le moyen de les payer. Il leur faut donc se procurer du change à l'étranger. Pour acheter, il faut exporter des capitaux, qui, il est vrai, reviennent en France au bout de quelques mois augmentés des commissions et intérêts. Le ministre, dans sa réponse, n'a pas jugé nécessaire de promettre l'exemption totale de toute autorisation pour la série d'opérations qui lui ont été signalées. Il a simplement formulé la promesse d'accorder l'autorisation dans les vingt-quatre heures, en tout cas dans le plus bref délai possible. Comme nous l'avons vu, des autorisations générales sont accordées à cet effet (V. Tchernoff, *Étude de la loi relative à l'exportation des capitaux et à l'importation de valeurs mobilières*, p. 109-111 ; extrait de la *Revue pratique de législation et de jurisprudence du Tribunal de commerce de la Seine*, 15 août-15 septembre 1918).

62. Transferts de fonds ou de titres pouvant être effectués sans autorisation préalable, mais sur production de la déclaration écrite précisant l'objet de l'envoi et de certaines justifications légales. — Il s'agit des transferts de fonds destinés à régler le prix des produits, denrées ou marchandises, déjà importés dans un délai maximum de six mois en France, dans les colonies ou pays de protectorat, conformément aux lois et règlements en vigueur :

1° Dans le cas de marchandises dont l'importation est réglementée, l'importateur doit le mentionner expressément, sous sa responsabilité, sur la déclaration d'achat qu'il remet à la banque et que celle-ci doit conserver ;

2° Dans le cas de marchandises dont l'importation est réglementée, l'importateur devait, avant le 17 juin 1918, présenter, à l'appui de sa déclaration d'achat, une licence d'importation et faire mention de cette licence d'importation dans sa déclaration.

Ladite licence était visée par la banque qui y apposait un timbre à date et y indiquait la nature et le montant du règlement fait par son intermédiaire.

Elle était rendue ensuite à l'intéressé.

A partir du 17 juin 1918, tous les comités ou commissions intéressées délivreront aux importateurs, en même temps que les originaux des autorisations d'importation destinés aux services de la Douane, une copie spéciale (sur papier rose) qui servira exclusivement pour l'application de la loi du 3 avril 1918 et que les importateurs garderont.

Ce n'est que sur cette présentation aux banques de cette copie spéciale et non plus de l'original que les importateurs pourront obtenir de celles-ci, à partir du 20 juin, les moyens de change ou de crédit nécessaires au règlement des marchandises pour lesquelles une autorisation d'importation aura été accordée.

En ce qui concerne les autorisations d'importation délivrées antérieurement au 17 juin 1918, les copies délivrées mentionneront les montants indiqués sur l'original, pour lesquels des transferts de fonds à l'étranger auraient déjà été effectués.

Il est recommandé aux banques de s'assurer de la réalité de l'achat pour lequel une autorisation d'importation est représentée et en vue duquel les transferts de fonds sont demandés (par exemple : production de factures d'achat, demandes de versement, de provision ou d'acompte, etc.).

Les banques veilleront à ce que la déclaration de leurs clients :

a) Indique le numéro de l'autorisation d'importation dont l'original ou la copie a été communiqué, ainsi que l'autorité qui a délivré cette autorisation ;

b) Mentionne expressément que les marchandises ont été importées ou doivent être importées dans un délai maximum de six mois. Cette indication est indispensable pour que le règlement puisse être effectué sans autorisation préalable ;

c) Précise qu'il s'agit d'acomptes ou de versements pour solde.

Dans le cas de production de justifications, mention en sera faite dans la déclaration.

63. Transferts de fonds ou de titres pouvant être effectués sur simple déclaration écrite précisant l'objet de l'envoi. — Il s'agit des transferts qui ne rentrent pas dans les cas expressément prévus aux numéros 1 et 2 de la présente instruction.

Le transfert de fonds ou de titre sur simple déclaration écrite précisant l'objet de l'envoi est donc le droit commun en la matière.

Mais il est de toute nécessité que la déclaration écrite de l'intéressé soit aussi complète et détaillée que possible, de manière à *engager la responsabilité du déclarant en cas d'inexactitude*, et à permettre aux banques et aux agents de contrôle de s'assurer que l'opération n'est pas soumise à autorisation ou à production de plus amples justifications.

Cette déclaration devra préciser notamment : les noms et adresses de l'expéditeur et du destinataire, le montant, la nature, l'objet et le but de l'envoi et, le cas échéant, la date et la nature du titre de la dette à régler à l'étranger. Elle mentionnera également toutes les pièces ou documents que les banques exigeraient des intéressés à titre de justifications complémentaires à l'appui de leur affirmation.

Les banques peuvent donc transférer, sur simple déclaration précisant l'objet de l'envoi :

a) Dans les colonies et les pays de protectorat, les fonds destinés à être utilisés sur place dans l'agriculture, le commerce et l'industrie[1] ;

b) A l'étranger :

1° Les fonds ou titres destinés à régler tout engagement pris antérieurement à la loi du 3 avril 1918 pour toute autre cause que l'acquisition de marchandises dont l'importation était prohibée ainsi que :

Les redevances pour brevets d'invention ;

Les frais de transport, d'emmagasinage et de douanes (principal et accessoires, etc.) ;

Les indemnités dues par les compagnies d'assurances ;

Les dépenses urgentes à faire par les armateurs au port de départ ou en cours de route (frais d'armement, de personnel, réparation de navires, charbon de soute, etc.) ;

Les primes d'assurances terrestres ou maritimes autres que les primes d'assurances sur la vie ;

Toutes primes dues par les compagnies d'assurances aux compagnies de réassurances à l'étranger ;

Les appointements et frais de personnel séjournant à l'étranger ;

Les impôts de toutes nature (droits de mutation, etc.) ;

Les legs faits à des personnes résidant à l'étranger ;

2° Les coupons ou titres amortis en vue de leur encaissement, à condition d'en rapatrier le montant en France, ainsi que les titres

---

[1] Et cela reste vrai malgré l'obligation de rapatrier les capitaux en vertu de l'art. 21 de la loi du 10 juillet 1925 (V. *Journ. off.*, 20 janv. 1926).

dont le service se fait à l'étranger, en vue de simples opérations de régularisations telles que conversions, échanges, renouvellement de feuilles de coupons, etc.

Les banquiers devront faire rentrer en France les titres ainsi exportés, après régularisation, ou les nouveaux titres délivrés en remplacement et, par dérogation à l'article 6 de la loi du 3 avril 1918, ils sont autorisés à effectuer cette opération sans avoir besoin d'en référer à la Commission des changes et sous les garanties prévues au titre ci-après, à fournir, le cas échéant, aux agents de surveillance de la frontière (modifié par la loi du 31 mars 1922): cela s'appliquera également aux titres étrangers sous dossier d'une banque française à l'étranger (V. *Journ. off.*, 20 janv. 1926).

3° Les titres ou fonds que les particuliers ou les sociétés résidant ou fonctionnant hors de France ont ou pourront avoir en France, lorsque les détenteurs en France des fonds ou des titres ne sont pas des banques ou banquiers assujettis au répertoire :

a) Parts de bénéfices dans les sociétés fonctionnant en France, revenus de leurs propriétés, de leurs titres, sommes consignées en France ;

b) Sommes, titres prêtés ou déposés en France, ou provenant de la vente de marchandises précédemment envoyées, consignées ou achetées en France :

Par les maisons étrangères[1] ;

Par les succursales établies à l'étranger de maisons françaises ;

Par les établissements principaux de maisons étrangères ayant des succursales en France.

Dans ce cas, la déclaration devra être très précise et contenir l'engagement exprès des intéressés de fournir toutes justifications utiles sur la question de résidence et sur la cause du règlement, à première réquisition des banques ou des agents du contrôle du ministère des Finances.

Cette énumération est simplement énonciative et non limitative.

En cas de doute, les banques devront provoquer des autorisations spéciales.

Pour les frais de voyage et les besoins alimentaires qui ne peuvent donner lieu à aucune justification autre que la déclaration écrite des intéressés, les banques pourront solliciter une autorisation générale en

---

[1] V. solution donnée par le ministre des Finances pour les revenus d'un immeuble appartenant à une étrangère ayant épousé un Français (*Journ. off.*, 20 janv. 1926).

vue de dispenser leurs clients, s'il s'agit de montants réduits, de demander une autorisation spéciale à la Commission des changes.

En tous cas, les transferts de fonds pour frais de voyage ne peuvent être effectués que sur communication du passeport délivré par les autorités compétentes et, pour les étrangers, visé par les autorités françaises.

64. Chèques ou effets créés de France sur France et négociés à l'étranger. Chèques ou effets tirés de l'étranger sur France. — Ces opération sont soumises aux dispositions de l'instruction spéciale du 1ᵉʳ mai 1918, dont copie est ci-jointe.

Instruction spéciale du 1ᵉʳ mai 1918

Relative aux chèques ou effets créés en France sur France et négociés à l'étranger et aux chèques et effets tirés de l'étranger sur France.

S'il s'agit d'une *opération* d'un montant *supérieur à* 1000 francs, *aucun envoi* ou transfert de fonds à l'étranger, aucune remise de fonds à la disposition de l'étranger, ne peuvent, en vertu de l'article 2 de la loi du 3 avril 1918, être effectués par une personne résidant en France *que par* l'intermédiaire d'une banque qui tient le *répertoire des opérations de change.*

Il en résulte qu'aucun *chèque créé de France sur France* ne peut être envoyé à l'étranger que si ledit chèque est tiré sur une banque qui tient le répertoire des opérations de change, et seulement *après* que la personne, tireur ou endosseur, qui négocie ce chèque à l'étranger aura *justifié* auprès de la banque le *but de ce transfert* de fonds à l'étranger.

Mêmes dispositions en ce qui concerne les *effets créés en France sur France.*

Une personne ou société résidant ou fonctionnant en France ne peut autoriser une personne ou société résidant ou fonctionnant hors de France à disposer sur elle, par chèque ou effet, que si le *payement* dudit *chèque* est *domicilié auprès d'une banque qui tient le répertoire des opérations de change*, et à laquelle, avant la domiciliation, toutes justifications utiles devront avoir été fournies. En ce qui concerne les achats à l'étranger de marchandises exportées dans d'autres pays étrangers, une autorisation spéciale du ministre des Finances est nécessaire. Quant aux achats à l'étranger de marchandises exportées ou à exporter dans les six mois dans les colonies françaises ou pays de protectorat, il suffit d'exiger une déclaration écrite certifiant le but du transfert de fonds, avec communication des factures pour visa et estampillage et, s'il y a lieu, l'autorisation d'importation.

Par suite, tout *chèque négocié à l'étranger tiré sur une banque*, de même que tout chèque ou effet tiré de l'étranger sur des sociétés ou des particuliers, mais domiciliés auprès d'une banque, doit être considéré comme régulier par la banque chargée de l'encaisser.

Une *banque chargée de l'encaissement de chèques ou d'effets créés en France sur France*, non tirés sur une banque et qui ont été *négociés à l'étranger*, doit en encaisser le montant et en créditer le donneur d'ordre. Elle n'a aucune justification à demander au tiré, mais, pour se couvrir, signalera sur le répertoire des opérations de change, que le chèque ou effet, — qui sera inscrit séparément de toute autre opération de la journée, — a été irrégulièrement créé (indication du nom et de l'adresse du tiré, du nom et de l'adresse de l'endosseur en faveur de l'étranger).

Il en sera de même, en ce qui concerne les chèques ou effets tirés de l'étranger sur des sociétés ou des particuliers fonctionnant ou résidant en France et non domiciliés dans une banque.

En raison des mêmes principes, une banque sur laquelle un chèque, négocié à l'étranger, a été tiré sans justification préalable doit le payer si elle a provision, mais le signalera, comme il est dit ci-dessus, sur le répertoire des opérations de change. Elle agira de même pour des chèques ou effets domiciliés à ses caisses pour le compte de tiers, qui ne lui auraient pas fourni au préalable toutes justifications utiles.

Il convient d'ajouter que les effets, billets, traites et chèques créés avant le 4 avril 1918, ne sont pas visés par la loi réglementant l'exportation des capitaux.

D'autre part, lorsqu'une *banque reçoit de l'étranger* des documents à délivrer contre *payement d'un billet libellé en monnaie étrangère*, elle n'a aucune justification à demander au tiré si le règlement a lieu en chèque ou effet payable en la monnaie étrangère. C'est à la banque qui délivre le chèque ou l'effet qui sera remis en payement à exiger, lors de la cession du chèque ou de l'effet, toutes justifications utiles. Si la banque qui a reçu les documents encaisse la contre-valeur en francs au cours du jour, elle doit exiger la déclaration prescrite par la loi.

65. Opérations faites pour leur propre compte par les banques astreintes à la tenue au répertoire de change. — De même que les particuliers, les banques ne peuvent faire une des opérations visées par l'article 1ᵉʳ (n° 1) de la loi, qu'après autorisation préalable du ministre des Finances (Commission des changes).

Pour les autres opérations qui rentrent dans l'exercice de leur profession, elles sont dispensées de toutes déclarations et justifications immédiates ; mais, à la première réquisition des agents du contrôle, elles pourront avoir à fournir toutes autorisations, déclarations et justifications utiles sur ces opérations.

Ainsi, elles peuvent, comme par le passé :

Acheter des monnaies ou devises étrangères (chèques, effets, coupons, etc.) ;

En effectuer l'envoi à l'étranger en vue d'alimenter leurs comptes courants chez leurs correspondants, sous la réserve toutefois que la contre-valeur desdits achats et envois soit, dans un délai raisonnable, remise à la disposition du marché français et sans qu'en aucun cas elle puisse servir à une des opérations prohibées par l'article 1ᵉʳ (n° 1) de la loi du 3 avril 1918 ;

Envoyer à l'étranger tous titres ou valeurs mobilières, en vue de *simples opérations de régularisation*, telles que conversions, échanges, renouvellement de feuilles de coupons, etc. Sous réserve des justifications sur l'origine des titres, que les agents de surveillance à la frontière pourront demander, le cas échéant, les banques, par dérogation à l'article 6 de la loi du 3 avril 1918, sont autorisées à faire rentrer en France les nouveaux titres délivrés en remplacement de ceux transmis à l'étranger pour ces *opérations* de régularisation.

Pour toutes les opérations qu'ils traitent eux-mêmes et qui *comportent transmission de fonds*, les banquiers qui tiennent le répertoire des opérations de change n'ont pas à se produire réciproquement les déclarations et justifications prévues par la loi.

C'est seulement au *premier banquier qui a engagé l'opération* sur l'intervention directe du donneur d'ordre, qu'il incombe d'exiger de ce dernier *toutes déclarations et justifications* utiles.

Les autres banquiers qui concourent à la même opération sont suffisamment couverts du fait que l'ordre émane d'un banquier tenant le répertoire de change.

L'attention des banquiers est appelée sur la nécessité de faire préciser par leurs clients la *résidence des bénéficiaires* de versements ou de virements à effectuer au crédit d'un compte tenu par une autre banque fonctionnant en territoire français ou assimilé.

66. Prescriptions spéciales relatives à l'envoi ou au transfert de fonds ou de titres à effectuer à l'étranger par l'intermédiaire des banques tenant le répertoire des opérations de change. — *Transport par voyageur.* — Sous réserve des dispositions précédemment arrêtées ou qui le serout ultérieurement en ce qui concerne l'or, l'argent, certaines catégories de billets de banque ou de titres, et la vérification à opérer par les agents de surveillance de la frontière, un banquier qui tient le répertoire des opérations de change ou son représentant peut, en quittant la France, emporter du numéraire, des billets et des titres :

1° Jusqu'à concurrence de 5 000 francs sans aucune formalité, comme tout particulier ;

2° Pour une somme supérieure à 5 000 francs, en remettant à la douane une déclaration de sortie en triple exemplaire détaillant la nature et le montant des monnaies, valeurs, titres transportés et indiquant le but de l'opération.

Il peut également transporter à l'étranger *des lettres de crédit ou des chèques sans limitation de montant,* du moment où ces valeurs sont délivrées par lui-même ou par un autre banquier astreint à la tenue du répertoire des opérations de change et, par conséquent, inscrites sur ledit répertoire. Il va de soi que ces transferts de fonds ou de titres ne pourront concerner des opérations visées par l'article 1ᵉʳ (n° 1) de la loi du 3 avril 1918 qu'après l'autorisation préalable du ministère des Finances (Commission des changes, V. la circulaire du 31 juillet 1920, *infra,* n° 89).

67. Expéditions par colis et par lettres. — Sous les mêmes réserve que ci-dessus, notamment en ce qui concerne l'or, l'argent, certaines catégories de billets de banque ou de titres et la vérification des agents de surveillance de la frontière, les banquiers tenant le répertoire des changes peuvent envoyer à l'étranger des fonds, valeurs ou titres, pour une somme supérieure à 1 000 francs.

S'il s'agit d'expéditions par lettre, en mettant dans le pli une note dûment signée indiquant la nature, le montant et le but de l'envoi ;

S'il s'agit d'un colis, en remettant à la douane une déclaration de sortie en triple exemplaire indiquant la nature, la valeur de l'envoi, ainsi que son utilisation à l'étranger.

Dans les deux cas, la banque devra, soit dans la note ci-dessus visée, soit dans la déclaration de sortie à remettre à la douane, indiquer le numéro de l'autorisation du ministère des Finances, si les envois effectués ont nécessité une autorisation préalable.

68. Importation de titres et valeurs mobilières. — Sauf autorisation spéciale du ministre des Finances sont interdites :

1° L'importation des titres et valeurs mobilières en France (V. cependant *supra*, n° 69) ;

2° La création en France d'un certificat conférant à son porteur un droit sur des biens ou des valeurs situés à l'étranger. (Art. 6 de la loi du 3 avril 1918).

Toutefois cette interdiction ne frappe pas :

. . . .

Les titres échus remboursables en France et les coupons payables en France ;

Les titres dont la personne qui en poursuit l'introduction en France était propriétaire avant la promulgation de la loi du 3 avril 1918, ou en est devenue propriétaire par la succession depuis cette date.

. . . .

Et, par dérogation spéciale accordée par la présente instruction, les titres rapatriés, après régularisation, par les banquiers pour le compte de leurs clients ou pour leur compte personnel.

. . . .

En tout cas, l'introduction en France de tous titres et coupons peut être faite sans l'intervention d'une banque astreinte à la tenue du répertoire des opérations de change. La réglementation édictée par l'article 2 de la loi du 3 avril 1918, pour l'exportation des capitaux et des titres, ne s'applique pas, en effet, à l'importation en France des titres et valeurs mobilières.

VI

69. Circulaire relative à l'application de la loi du 31 mars 1922 apportant diverses modifications aux dispositions de la loi du 3 avril 1918 sur l'exportation des capitaux et l'importation des titres et valeurs mobilières. — La loi du 31 mars 1922 a prorogé jusqu'au 31 décembre prochain les dispositions de la loi du 3 avril 1918 et de l'article 13 de la loi du 22 février 1921 réglementant l'exportation des capitaux et l'importation des titres et valeurs mobilières. Mais elle a expressément réservé au Gouvernement le droit de suspendre son application par décret rendu sur la proposition du ministre des Finances.

Cette loi a, de plus, introduit dans le régime en vigueur les modifications suivantes qui constituent une première étape vers le retour à la liberté.

1° *Remises en devises étrangères provenant de l'encaissement de coupons étrangers.* — La loi du 31 mars 1922 autorise les personnes résidant en France, qui envoient leurs coupons à l'étranger pour encaissement, à se faire couvrir de leur montant en France, non seulement en francs mais en devises étrangères.

Les envois de coupons à l'étranger pour encaissement, quel que soit leur montant, de même que le rapatriement en France de leur contrevaleur, doivent être effectués par l'intermédiaire d'une banque tenant le répertoire des opérations de change.

La double opération d'envoi de coupons et de rapatriement des fonds doit être effectuée dans un délai maximum de trois mois.

Les banques pourront désormais créditer leurs clients en France du produit de l'encaissement de leurs coupons étrangers, non seulement en francs, mais aussi en devises étrangères. Les devises étrangères ainsi prises en compte suivent la règle commune des devises étrangères sur le marché français à la disposition des personnes résidant en France; elles ne peuvent donc être employées que conformément aux dispositions de la loi du 3 avril 1918. Par conséquent, elles ne sauraient être utilisées pour l'achat, sans autorisation, de titres ou valeurs à l'étranger, et les personnes qui désireraient les affecter à un règlement d'achat de marchandises à l'étranger ne peuvent les réexporter que par l'intermédiaire d'une banque tenant le répertoire des opérations de change, à laquelle elles devront fournir la déclaration écrite prévue par la loi, avec les justifications habituelles.

2° *Utilisation du produit de la réalisation de titres à l'étranger à l'achat à l'étranger d'autres titres.* — Les titres transmis à l'étranger pour vente ou remboursement par des personnes résidant en France devaient, aux termes de la loi du 3 avril 1918, faire l'objet d'une remise en France de francs français. La loi du 31 mars 1922, qui vise également les personnes résidant en France, apporte à la loi du 3 avril 1918 une double modification :

1° Désormais, le produit de la vente ou du remboursement de titres à l'étranger pourra faire l'objet d'une remise en France, soit de francs soit de devises étrangères ;

2° Les titres vendus ou remboursés pourront être arbitrés, même sur des places différentes, dans la limite du produit de leur réalisation, contre d'autres titres. Ces titres, de même que le produit non employé des titres vendus ou remboursés, devront rentrer en France dans un délai de 3 mois.

La loi n'a prévu aucune exception, quant aux titres qui peuvent faire l'objet d'arbitrages ; mais ces opérations restent naturellement soumises, tant en ce qui concerne les titres à exporter pour vente qu'en ce qui concerne les titres à introduire en France, aux règlement et lois en vigueur qui s'opposent, soit à la sortie de France, soit à l'entrée ou à la vente en France de certaines catégories de titres, notamment, aux arrêtés des 3 juillet et 6 août 1921 interdisant l'exportation des actions de sociétés russes et ottomanes et aux dispositions des articles 260 et du paragraphe 10 de l'annexe à la section IV de la partie X du traité de Versailles.

La double opération d'envoi des titres à l'étranger et d'introduction en France des titres achetés en contre-partie ainsi que de la soulte en francs ou devises étrangères de l'opération d'arbitrage doit être effectuée, quel qu'en soit le montant, par l'intermédiaire d'une banque tenant le répertoire des opérations de change qui en demeure responsable. La banque devra retracer distinctement sur un registre spécial :

1° L'envoi des titres avec leur désignation et la date de l'envoi ;

2° Le produit de la réalisation des titres ;

3° L'introduction des titres achetés à l'étranger et la remise des fonds constituant la soulte de l'opération avec la désignation des titres, de leur prix d'achat et la date de l'importation des titres et des fonds.

Le registre sur lequel ces opérations seront décrites dès leur réalisation sera communiqué, sur leur demande, aux inspecteurs de l'Enregistrement chargés de l'application de la loi et les totaux en seront reportés, en fin de quinzaine, sur le répertoire des opérations de change institué par la loi du 1er août 1917.

Afin de permettre aux banquiers le retrait sans retard des plis contenant les titres introduits en France qui pourraient être arrêtés pour vérification par le service des Douanes, les banques auront à présenter au service des Douanes une déclaration dont modèle est ci-joint, contenant l'énumération des titres introduits et attestant que les titres proviennent d'une opération d'arbitrage consignée à leur registre spécial sous un numéro qu'elles auront à indiquer. La Douane remettra le pli à la banque après s'être assurée de l'exactitude de la déclaration et transmettra la déclaration au secrétariat du Comité de contrôle de l'exportation des capitaux.

3° *Réexportation libre des fonds introduits en France par des industriels ou commerçants non banquiers résidant en France.* — Par une nouvelle dérogation aux dispositions de la loi du 3 avril 1918, inscrite sous le paragraphe 4 de l'article 4 de cette loi, la loi du 31 mars 1922 donne aux industriels et commerçants, non banquiers, résidant en France, la faculté d'exporter sans autorisation, pour les besoins de leur propre entreprise, les fonds transférés par eux à l'étranger en France postérieurement au 1er avril 1922.

Le but du législateur a été d'éviter que des Français, négociants ou industriels, qui, au regard de la loi du 3 avril 1918, ont la libre disposition de capitaux à l'étranger (produit de la vente de marchandises à l'étranger, bénéfices réalisés à l'étranger sur des opérations commerciales ou industrielles), ne soient amenés à les conserver ou à les placer à l'étranger pour éviter les formalités qu'exigerait toute exportation ultérieure de fonds pour les besoins de leur commerce ou de leur industrie.

Ne bénéficient de cette faculté que les industriels et commerçants non banquiers. La loi entend donc exclure du privilège de cette disposition les personnes qui se livrent exclusivement à des opérations de banque ; mais les banquiers qui font également avec l'étranger le commerce des marchandises ou tout autre commerce ont la faculté de réexporter les fonds provenant de l'exercice de ce commerce, pourvu que ces fonds soient affectés aux besoins de la même entreprise.

Pour bénéficier des dispositions nouvelles de la loi, les industriels et commerçants non banquiers doivent observer les règles suivantes :

1° Ils doivent employer les fonds réexportés aux besoins de leur propre entreprise (règlement des dépenses de leurs agences, création de succursales, amélioration de leurs installations). Ils ne sauraient donc les utiliser pour de simples placements à l'étranger soit pour leur propre compte, soit pour le compte de tiers ;

2° Ils ne peuvent réexporter les fonds transférés par eux de l'étranger que dans la limite des sommes introduites en France depuis le 1er avril 1922.

Les négociants ou industriels qui ont été, avant le 1er avril 1922, autorisés à effectuer des envois de fonds à l'étranger sous la condition formelle de justifier à l'expiration du délai prescrit de la réimportation en France de fonds pour une somme équivalente, doivent d'abord satisfaire à cette condition et la faculté de réexportation prévue par la loi du 31 mars 1922 ne peut s'appliquer qu'aux sommes en excédent rapatriées depuis le 1er avril 1922 ;

3° S'ils veulent bénéficier des nouvelles dispositions de la loi, ils doivent avoir un compte dans une banque tenant le répertoire des opérations de change. Cette condition entraîne donc, pour la banque qui sera chargée de l'opération, la double obligation :

a) D'inscrire au crédit du compte de son client, avec une mention spéciale, les sommes provenant de remises de l'étranger ;

b) De vérifier, au vu d'une déclaration écrite, la destination et l'utilisation des fonds, conformément aux dispositions de la loi.

Le contrôle à exercer par la banque, soit sur l'origine des fonds à réexporter, soit sur les motifs de leur réexportation, n'est possible que si les opérations d'importation et d'exportation de fonds admises à ce régime de faveur sont groupées ensemble.

Les banquiers devront donc inviter les industriels et commerçants qui veulent bénéficier des dispositions de la loi du 31 mars 1922 à se faire ouvrir un compte spécial, au crédit duquel seront inscrites toutes les remises en francs de l'étranger qu'ils se réserveraient de convertir ultérieurement en devises étrangères pour les besoins de leurs propres affaires à l'étranger.

Les fonds ainsi transférés de l'étranger ne sont pas, d'ailleurs, bloqués jusqu'à leur réexportation ; ils peuvent être provisoirement employés sur le marché français comme tout avoir en francs dont dispose dans une banque une personne résidant en France.

69 *bis*. Restrictions aux droits des particuliers de constituer un avoir en devises étrangères. — La loi du 31 mars 1922 ne modifie pas le principe restrictif de la loi du 3 avril 1918.

Pour l'étranger, toutes les restrictions indiquées subsistent. La loi du 22 mars 1924 (V. *infra*, n° 77) y en ajoute d'autres visant spécialement les industriels et les exportateurs.

Pour la France, une personne résidant en France ne peut pas en principe se constituer librement un dépôt en devises étrangères dans une banque (V. *Journ. off.*, 20 janvier 1926). Elle doit s'adresser à une personne tenant le répertoire des opérations de change et ses devises ne peuvent être utilisées que dans les conditions prévues par la loi du 3 avril 1918 et celles qui l'ont complétée.

Les dernières déclarations et circulaires de M. Raoul Péret, ministre des Finances, entendent, sous les sanctions de la loi du 14 février 1924, restreindre le droit des particuliers de faire des achats non justifiés, même si chacun de ces achats porte sur des sommes inférieures à 1 000 francs (V. nos 95, 96 et annexe 11).

MODÈLE DE DÉCLARATION[1]

A REMETTRE AU SERVICE DES DOUANES

Nous soussignés (A). . . . .

. . . . , ...

déclarons et certifions sous notre responsabilité que les titres ci-après :

(C) . . . .

. . . .

. . . .

. . . .

contenus dans le pli qui nous est adressé par (B) . . . .

sont la contre-partie d'opérations effectuées en vertu de l'article 1er, § 2, de la loi du 3 avril 1918, modifié par la loi du 31 mars 1922, et que ces opérations sont décrites au registre spécial tenu pour l'application de cette dernière loi sous les nos . . . . . (D) . . . . . en date des . . . .

(E) . . . . . . , le . . . . . . 19 . .

. . . .

VI

70. *Première observation*. — Opérations de change. — Il y a lieu de bien noter que la loi n'entend pas du tout entraver les opérations de change ou d'arbitrage exécutées par les intermédiaires pour le compte de leurs clients quand il s'agit d'opérations motivées par des opérations commerciales, achats ou ventes autorisées par la loi. Ce que la

---

[1] Cette déclaration, visée par le service des Douanes, sera retournée par ce service au ministère des Finances (Comité de contrôle de l'exportation des capitaux).
(A) Nom et adresse de la banque destinataire.
(B) Nom et adresse de l'expéditeur.
(C) Nombre et désignation des titres.
(D) Numéro et date sous lesquels l'opération figure au registre spécial.
(E) Date et signature.

loi ne veut pas, c'est que, sous prétexte de change ou d'arbitrage, on constitue des fonds en vue de placements à réaliser à l'étranger. Interrogé par quelque arbitragistes, le ministère des Finances a donné la réponse suivante : Les opérations d'arbitrage sont permises comme par le passé sous la réserve que les titres expédiés à l'étranger aient été préalablement vendus ou aient été l'objet d'un ordre de vente dont l'exécution ne peut être différée au delà de l'arrivée du titre à destination.

Les particuliers comme les intermédiaires peuvent acheter du change, sauf la formalité du recours à l'intermédiaire qui possède un répertoire et à condition qu'il ne s'agisse pas d'actes formellement prohibés par l'article 1er de la loi du 3 avril 1918 (V. Tchernoff, *op. cit.*, n° 9. V. *supra*, n° 61, p. 68, et n° 29).

71. *Deuxième observation*. — Tolérance spéciale en faveur des établissements de crédit dans les rapports entre le siège principal et leurs succursales à l'étranger. — Une tolérance spéciale est accordée aux établissements de crédit et aux banques dans les rapports entre le siège principal et leurs succursales à l'étranger, notamment pour les agences qui tiennent le répertoire des opérations de change. Ils continueront, comme par le passé, sans avoir à solliciter une autorisation générale ou spéciale pour chaque cas, à procéder à des remises d'effets, de chèques, de coupons, de billets de banque étrangers ou à des ventes directes de titres à leurs correspondants étrangers, mais à condition que l'avoir ainsi constitué hors de France soit, dans un délai raisonnable, rapatrié en France par des remises sur Paris, ou par délivrance à des clients, pour leurs besoins légitimes et déclarés, de chèques, lettres de crédit ou versements sur l'étranger.

Il n'y a aucun obstacle à ce que des cesssions d'avoir ainsi constitué à l'étranger se fassent entre siège et agence, du moment que lesdites cessions ne servent qu'à faire face à l'activité professionnelle de ce siège et agence, à l'exclusion des opérations interdites par l'article 1er.

Ainsi donc ces remises d'ordre entre siège et agence, quoique ne constituant pas de simples régularisations, sont tolérées (V. Tchernoff, *op. cit.*, n° 17).

72. Distinction entre les opérations d'achat et de vente des devises étrangères. — Malgré les termes généraux de la loi et surtout des circulaires, la jurisprudence a fait une distinction au point de vue du caractère licite et illicite des opérations entre les achats et les ventes ayant pour objet les devises étrangères.

Les opérations d'achat sont nulles quand elles sont faites en dehors des conditions prévues par la loi du 3 avril 1918, même une fois les autorisations obtenues, si l'on n'a pas eu recours à un banquier ayant le droit de tenir un répertoire pour les opérations d'achat et de vente de devises.

Il n'en n'est pas de même lorsqu'il s'agit d'opérations de vente des devises étrangères. En effet, la loi du 3 avril 1918, qui a surtout pour objet d'empêcher l'exportion des capitaux, la sortie de France des valeurs, monnaies et capitaux français, n'a pas pu viser les opérations de vente des devises et monnaies étrangères; car ces opérations ont, au contraire de l'achat, pour effet de faire rentrer en France des devises étrangères (Trib. civ. 2ᵉ ch., 26 déc. 1924; Paris, 3 déc. 1925; *Gaz. Trib.* 3 et 4 févr. 1926).

On ne s'explique pas très bien le bien fondé de cette distinction. La vérité est que les circulaires ont renchéri sur la loi et que la loi elle-même n'est pas appliquée littéralement, mais elle est interprétée. On assimile à l'exportation des capitaux, non pas les opérations qui constituent l'exportation matérielle des titres, monnaies ou devises étrangères, mais des opérations qui peuvent avoir pour effet, ou qui sont de nature d'avoir pour effet l'exportation des capitaux, pour le dire plus nettement, le renchérissement des devises étrangères, et qui, par conséquent, produisent le même effet que si les monnaies françaises ou les valeurs françaises étaient exportées à l'étranger.

73. Mise à la disposition de la clientèle des crédits en francs contre nantissement des devises étrangères. — Si les circulaires ministérielles ont renchéri sur les rigueurs des textes législatifs, le ministère des Finances, de son côté, sans donner à son intervention un caractère comminatoire, a déconseillé, par une série de lettres répétées, certaines opérations qui sont par leur nature susceptibles d'influencer dans un sens défavorable la tenue du franc. Parmi ces opérations figurent en première ligne celles qui ont pour effet de mettre à la disposition de la clientèle des crédits en francs contre nantissement de devises étrangères pour le compte de maisons n'ayant pas leur siège en France.

Ces opérations doivent donner lieu à des justifications aussi complètes que s'il s'agissait d'opérations au comptant.

Le ministre recommande d'examiner avec un soin particulier toutes les demandes de crédit émanant de commerçants ou d'industriels français exportateurs, qui offrent en contre-partie un nantissement de devises étrangères. Tout récemment, M. Raoul Péret a annoncé l'intention de renforcer la réglementation sur ce point (V. n⁰ˢ 95, 96, dans les annexes de la circulaire du 6 mai 1926).

Qu'on le remarque bien, une opération de cette nature, au cas où le débiteur ne paie pas, ne peut avoir pour résultat que la réalisation des devises étrangères sur place, c'est-à-dire leur vente, opération qui en elle-même n'a rien de préjudiciable; mais le ministère des Finances envisage les conséquences de l'opération, qui est de mettre des francs à la disposition des étrangers. _

74. Émission d'obligations libellées en monnaies étrangères. — Des auteurs ont soutenu que l'émission en France d'obligations libellées en monnaies étrangères est licite (V. Wahl, J. S. 1920, p. 108).

La pratique du Parquet de la Seine est en ce sens contraire; elle s'est opposée à une émission d'obligations en piastres au profit d'une banque française faisant des opérations dans une colonie française, quoique la piastre soit une monnaie acceptée et ayant pouvoir libératoire dans la colonie.

Sans hésiter, il faut admettre qu'une pareille pratique administrative ne trouve aucun appui dans les textes. Elle est simplement destinée à sanctionner les dispositions d'ordre civil sur le caractère licite ou illicite de certaines stipulations qui tendent à introduire la clause payable en or. Tout au plus pourrait-on dire que le porteur d'une obligation pareille peut se procurer des piastres sans passer par l'intermédiaire d'un banquier tenant un répertoire, encore l'objection pourrait-elle être écartée si le *payement n'a lieu qu'en francs* au cours du jour.

75. Loi sur l'exportation des capitaux et la clause de paiement en or. — Nous ne croyons pas qu'on puisse établir une corrélation entre ces deux catégories de textes. Autre chose est de sanctionner civilement certaines clauses, autre chose est d'appliquer les sanctions pénales à des actes qui ont pour effet de tourner les diverses restrictions résultant de la jurisprudence des tribunaux quant à la clause payable en or.

Celle-ci, d'ailleurs, semble avoir reçu une atteinte à la suite de l'émission de l'emprunt de 4 °/₀ de 1924. M. Georges Bonnet a fait une déclaration au Syndicat général du commerce et de l'industrie ainsi conçue : « Il a été officiellement constaté par nos conseils juridiques que le Gouvernement a consultés : qu'il peut être valablement stipulé dans un contrat de prêt que les intérêts seront payés en coupons de la rente 4 %, 1925 ; que le capital sera remboursé en titres du même emprunt ; que les clauses du même genre peuvent être valablement insérées dans tous autres contrats, bails, ventes, ventes de fonds de commerce, etc. Une nouvelle déclaration ministérielle a depuis confirmé celle de M. Georges Bonnet ; d'autre part, au cours de récentes discussions relativement à la nouvelle prorogation des baux en cours, un amendement a été présenté tendant à rendre illicites les clauses stipulant le prix des loyers en une monnaie autre que le franc ayant cours légal.

La portée de cette déclaration a été contestée (V. Henri Capitant, « Les succédanés de la clause payable en or, » D. H. n° 28, janv. 1926).

La première Chambre de la Cour d'appel de Paris a implicitement déclaré que les réserves les plus expresses doivent être faites sur la validité en soi d'un emprunt convenu entre français, avec une stipulation d'intérêts qui, faisant état des variations de change, porte atteinte au caractère de monnaie légale que des lois d'ordre public ont exclusivement attribué au franc (Paris, 24 déc. 1925, D. H., 18 févr. 1926, p. 106).

Quelle que soit la solution qu'on puisse donner à la controverse, il est néanmoins certain que le Parquet ne peut pas, par une action préventive, faire prévaloir une interprétation qui ne peut être que l'œuvre des tribunaux civils saisis par les parties intéressées. Or, il semble qu'en l'état actuel de la jurisprudence et de la pratique administrative, la loi de 1918 a dévié de son objet primitif et ne tend plus à punir l'importation ou l'exportation matérielle des titres, des valeurs ou des devises, mais à défendre le franc par tous les moyens possibles contre une dépréciation dont il peut être l'objet.

76. Suspension et amnistie de la loi du 3 avril 1918 et **des textes complémentaires.** — En vertu de l'article 21 de la loi du 13 juillet 1925 a été publié un décret du 12 août 1925 qui a suspendu jusqu'en janvier 1926 l'application des dispositions du titre II, articles 6 et 7 de la loi du 3 avril 1918 complétée par le paragraphe de l'article unique de la loi du 31 mars 1922. En même temps, on a prévu des mesures pour faciliter le rapatriement des titres qui se trouvaient à l'étranger et on a édicté une amnistie en faveur de ceux qui auraient rapatrié les titres. Toutes ces dispositions ont fait l'objet de circulaires qu'il y a lieu de reproduire :

77. Rapatriement du prix des marchandises exportées.

— ARTICLE 1ᵉʳ. — Toute exportation de marchandises à destination de l'étranger, des colonies ou pays de protectorat, à l'exception de l'Algérie et de la Tunisie, effectuée postérieurement à la promulgation de la loi du 22 mars 1924, entraîne pour l'exportateur l'obligation de rapatrier le prix des marchandises exportées et vendues, du jour où les fonds à provenir de la vente sont mis à sa disposition, soit par suite d'un payement au comptant, soit par suite d'escompte, d'avance ou de toute autre façon.

Ce rapatriement doit être effectué par une remise de francs en France dans un délai maximum fixé provisoirement *à trois mois* à partir de la date où les fonds sont mis à la disposition de l'exportateur; si le transfert de ces fonds en France a lieu par une remise de devises étrangères, leur *conversion en francs devra être opérée dans le même délai, à partir de la même date.*

ART. 2. — Les exportations prévues à l'article 1ᵉʳ effectuées par les personnes tenant le registre institué par l'article 12 de l'arrêté ministériel du 28 août 1920 pris en application de l'article 72 de la loi du 25 juin 1920, seront constatées au vu des inscriptions audit registre et de tous autres documents dont la communication aux agents chargés du contrôle de l'impôt sur le chiffre d'affaires est prévue par la loi. Ces inscriptions devront comprendre désormais, non seulement les marchandises vendues, ainsi que le prescrit l'article 12 de l'arrêté susvisé, mais encore, sous une rubrique spéciale, les marchandises expédiées en consignation à l'étranger auxquelles sont applicables les dispositions de cet arrêté.

Lors de la vente ultérieure à l'étranger *des marchandises envoyées en consignation* ou, le cas échéant, lors de leur réimportation en France, l'exportateur devra mentionner sur le registre prévu par l'arrêté du 20 août 1920, complété par le présent arrêté, en regard de l'inscription à laquelle a donné lieu l'envoi de ces marchandises, la date et le montant de leur vente ou la date de leur réimportation.

ART. 3. — Les personnes ne tenant pas le registre institué par l'article 12 de l'arrêté susvisé, qui expédient des marchandises à l'étranger. auront à faire au bureau de douane de sortie une déclaration spéciale indiquant leurs noms et domicile, la nature, la valeur et la destination de l'objet exporté. Leurs déclarations seront transmises aux directions départementales des Contributions indirectes dans le ressort desquelles se trouve le domicile du déclarant et réparties par elles, selon leur compétence, entre les divers services participant à l'application des lois et règlements concernant l'impôt sur le chiffre d'affaires.

ART. 4. — L'obligation de rapatriement édictée par l'article 72 (troisième alinéa) de la loi du 22 mars 1924 ne s'applique pas, tant par suite des dispositions législatives en vigueur rappelées aux paragraphes 1, 2, 3 et 4 du présent article, que par suite des dérogations provisoirement accordées en vertu de l'article 1er de la loi du 3 avril 1918 et prévues aux paragraphes 5 et 6 du présent article :

1° Aux fonds provenant de la vente de marchandises exportées et qui seraient destinés au règlement de marchandises à importer dans les six mois :

a) En France, Algérie et Tunisie ;

b) Dans les colonies ou pays de protectorat autres que l'Algérie et la Tunisie, si ces marchandises ou le produit de leur vente doit être utilisé sur place dans l'agriculture, le commerce ou l'industrie ;

2° Aux fonds provenant de la vente de marchandises exportées directement dans les colonies ou pays de protectorat (autres que l'Algérie et la Tunisie) et qui doivent être utilisés sur place dans l'agriculture, le commerce ou l'industrie ;

3° Au prix des marchandises exportées qui sont la propriété en France de personnes résidant à l'étranger ;

4° Au prix des marchandises exportées pour lequel une dispense de rapatriement aura été accordée par le ministre des Finances ou ses délégués ;

5° Aux fonds que les exportateurs justifieront avoir utilisés au règlement à l'étranger des frais de leurs établissements de vente ou d'achat à l'étranger (appointements, commissions et matériel), de frais de transport, de manutention, d'assurances et de douane.

Pour bénéficier de ces dispositions, les exportateurs devront, dans les trois mois qui suivront la publication du présent arrêté, adresser à la direction déparmentale de l'administration financière dont ils dépendent au point de vue de l'impôt sur le chiffre d'affaires, une déclaration faisant connaître le montant approximatif des sommes qu'ils désirent conserver annuellement à l'étranger pour les dépenses prévues au présent paragraphe. Cette déclaration devra être revêtue de l'avis favorable de la chambre de commerce du domicile du déclarant. Lorsque son montant ne correspondra plus aux besoins de l'entreprise, une nouvelle déclaration assujettie aux mêmes formalités devra être faite par l'exportateur ;

6° Aux envois isolés d'objets présentant le caractère de cadeaux ou souvenirs, à la condition qu'ils ne soient pas destinés à faciliter ou à déguiser une des opérations interdites par les lois des 3 avril 1918 et 22 mars 1924 (art. 72, 3ᵉ alinéa).

Art. 5. — Sont désignés pour contrôler l'application des dispositions de l'article 72 (3ᵉ alinéa) de la loi du 22 mars 1924 et du présent arrêté :

1° Les inspecteurs de l'enregistrement détachés auprès du Comité de contrôle de l'exportation des capitaux ;

2° Les agents des administrations des Contributions indirectes, des Douanes et de l'Enregistrement, suivant les attributions de compétence résultant du décret du 24 juillet 1920, modifié par le décret du 23 mai 1925, relatifs à l'application de l'impôt sur le chiffre d'affaires et, dans tous les autres cas, les agents de l'administration des Contributions indirectes.

Les exportateurs devront fournir à ces agents toutes justifications utiles en vue de leur permettre l'exercice du contrôle des exportations de marchandises et du rapatriement en France du prix des marchandises exportées depuis la promulgation de la loi du 22 mars 1924 et vendues à l'étranger ou de sommes équivalentes sous réserve des exceptions prévues à l'article 4.

Art. 6. — Les contraventions aux dispositions de l'article 72 (3ᵉ alinéa) de la loi du 22 mars 1924 *seront constatées par des procès-verbaux* dressés par les agents désignés à l'article précédent. Ces *procès-verbaux,* accompagnés de rapports établis par les directeurs locaux et contenant leurs propositions sur les suites contentieuses à donner à chaque affaire, seront transmis au ministère des Finances (Comité de contrôle de l'exportation des capitaux) par l'intermédiaire de leur direction générale.

77 bis. Observation. — Remploi des fonds en valeurs étrangères. — Malgré la loi du 31 mars 1922, les exportateurs, d'après le texte formel de l'article 21 de la loi 13 juillet 1925, ne bénéficient de l'amnistie que s'ils rapatrient leurs avoirs à l'étranger par des remises en francs.

VII

Instruction pour l'application de l'article 21 de la loi du 13 juillet 1925.

78. I. — Bénéficiaires de l'amnistie. — Bénéficient de l'amnistie prévue par l'article 21 de la loi des finances du 13 juillet 1925, les personnes de nationalité française résidant en France, à la simple condition de rapatrier en France, avant le 1ᵉʳ janvier 1926, les fonds ou valeurs détenus à l'étranger au jour de la promulgation de ladite loi.

On doit entendre par personne résidant en France, *les personnes physiques et non les sociétés* (interprétation du ministre, 2ᵉ séance du Sénat du 30 mai 1925, *Journ. off.* du 31 mai, p. 1118). Par conséquent, *les sociétés,* même si elles rapatrient leurs avoirs à l'étranger au jour de la promulgation de la loi, *ne bénéficient pas de l'amnistie;* mais, par contre, les sociétés n'ont pas à faire annuellement dans le premier mois de chaque année la déclaration de leurs avoirs tant mobiliers qu'immobiliers à l'étranger (V. *Journ. off.*, 15 janv. 1926).

Le ministre se réserve néanmoins d'examiner avec une particulière bienveillance les contraventions commises par les sociétés qui auraient rapatrié avant le 1ᵉʳ janvier 1926 les avoirs provenant d'exportations irrégulières qu'elles possédaient à l'étranger au jour de la promulgation de la loi.

79. II. — Nature de l'amnistie. — Le *rapatriement entraîne une double amnistie pénale et fiscale.* Aucune poursuite ne peut donc être exercée à l'occasion d'exportations de capitaux antérieurs au 13 juillet 1925 si ces capitaux sont rapatriés avant le 1ᵉʳ janvier 1926.

Au contraire, la *première déclaration pour* 1926 prévue au paragraphe 3 de l'article 21 ne s'applique pas à la loi du 3 avril 1918, car elle *vise* uniquement les remises de suppléments de droits et amendes fiscales et *nullement les pénalités purement correctionnelles de la loi du 3 avril* 1918. Par conséquent, les personnes physiques résidant en France n'ont d'autre moyen de bénéficier de l'amnistie que de rapatrier leurs avoirs à l'étranger au jour de la promulgation de la loi; la déclaration même « spontanée » qu'elles feraient du

1ᵉʳ janvier au 28 février 1926 de leurs avoirs à l'étranger ne les ferait pas bénéficier de la remise des pénalités correctionnelles encourues au regard de la loi du 3 avril 1918.

Cette solution se justifie par les termes mêmes employés dans le paragraphe 3 ; d'autre part, on ne comprendrait pas qu'une simple déclaration puisse dispenser du rapatriement des avoirs irrégulièrement à l'étranger, tandis qu'il est rationnel que la déclaration mettant sous les yeux du fisc des avoirs à l'étranger passibles des droits annuels ou des droits de succession fasse bénéficier les déclarants de la remise des droits antérieurement dus.

79 bis. III. Avoirs auxquels s'applique l'amnistie. Le principe de l'équivalence. — A. — L'amnistie ne s'applique qu'aux sommes ou valeurs mobilières possédées à l'étranger au jour de la promulgation de la loi. Il doit être entendu, au regard de la loi du 3 avril 1918 : 1° que l'amnistie ne suppose pas que les rapatriements aient lieu *sous la forme même* où se trouvaient à l'étranger, au jour de la promulgation de la loi, les fonds ou valeurs mobilières possédés à l'étranger par des Français. Par conséquent, on doit admettre, que bénéficieront de l'amnistie, soit les sommes ou valeurs mobilières en dépôt au jour de la promulgation de la loi, *soit les fonds provenant de la vente des titres en dépôt* à cette date ou encore les titres acquis au moyen de fonds en dépôt *à l'étranger à la même date;* 2° encore que l'article 21 ne parle que de dépôts de sommes ou valeurs mobilières, on doit admettre que le *rapatriement du prix de vente d'un immeuble irrégulièrement acquis* à l'étranger et possédé à l'étranger au jour de la promulgation de la loi fera bénéficier son propriétaire français résidant en France de l'amnistie quant à la contravention commise pour exportation irrégulière du prix d'achat.

B. — Les rapatriements pourront se faire *soit en francs français, soit en devises étrangères.* Les devises possédées à l'étranger seront considérées comme rapatriées par un transfert en France de francs ou de devises étrangères ; mais, s'il s'agit de devises étrangères, les devises devront être *prises en compte dans une banque tenant le répertoire des opérations de change.* Elles suivront la règle commune des devises étrangères sur le marché français à la disposition des personnes résidant en France et, si elles doivent être payées en France aux titulaires du compte, elles ne pourront être payées qu'en francs en France.

Par voie de conséquence, les personnes qui ont acheté, en fraude de la loi du 3 avril 1918, des devises étrangères sur les marchés français et les avaient encore à leur disposition le 13 juillet 1925, ne bénéficieront de la loi d'amnistie que : a) si elles les remettent à la disposition du marché français ; b) ou si elles les déposent dans une banque tenant le répertoire des opérations de change à un compte de devises étrangères, d'où elles ne pourront être retirées que dans les conditions prévues ci-dessus.

Il est bien entendu que ces dispositions ne s'appliquent pas aux *exportateurs* qui, d'après le texte formel de *l'article* 21, ne peuvent bénéficier de l'amnistie *que s'ils rapatrient leurs avoirs à l'étranger par des remises en francs.*

C. — En ce qui concerne les *titres étrangers* appartenant à des Français et *placés à l'étranger* sous le *dossier d'une banque française,* le Comité de contrôle pour l'exportation des capitaux les considère jusqu'à présent comme exportés.

Toutefois, en raison du fait que les dépôts de ce genre assurent au fisc des garanties plus sérieuses que si ces titres étaient en France entre les mains des particuliers, le ministre décide, par dérogation générale à la loi du 3 avril 1918 et en vertu des pouvoirs que lui donne l'article 1er, que les titres placés sous ce régime *seront considérés comme se trouvant en France à la condition :*

1° Que lesdits titres soient mis en dépôt chez une personne, banque, officier ministériel ou autre, tenant le répertoire des opérations de change ;

2° Que les intérêts ou dividendes desdits titres étrangers soient encaissés par cette personne pour le compte du déposant et portés au crédit de son compte en France ;

3° Que lesdits intérêts ou dividendes soient inscrits sur le répertoire des opérations de change à la première partie du répertoire avec mention spéciale : « Devises provenant de la négociation de coupons ou arrérages de titres étrangers sous notre dossier à l'étranger et appartenant à des Français résidant en France (art. 21) » ;

4° Que la banque tienne un compte spécial de titres placés sous ce régime ;

5° Que le déposant français autorise la banque à représenter lesdits comptes aux agents qualifiés de l'Administration ;

6° Que la banque et ses clients soient considérés comme solidairement responsables de toute modification dans ce régime qui aurait pour résultat de consacrer une exportation de capitaux soustrayant les titres au contrôle de l'Administration organisé comme ci-dessus.

Les *titres* se trouvant à l'étranger au jour de la promulgation de la loi et placés sous ce régime avant le 1er janvier 1926 seraient considérés comme rapatriés et, par conséquent, *seraient dispensés de la déclaration annuelle* ; lors de l'ouverture d'une succession, ils ne seraient pas soumis à la procédure spéciale de l'envoi en possession prononcée par le tribunal civil (loi du 13 juil. 1925, art. 52 et suiv.).

Ces dispositions, sauf autorisations spéciales dans des cas déterminés, ne bénéficieront pas aux valeurs françaises. C'est, en effet, *uniquement pour les valeurs étrangères* que les porteurs et les banques peuvent avoir intérêt à déposer les titres à l'étranger, afin d'en faciliter l'administration et de concentrer éventuellement entre les mains d'un établissement français les droits de vote des actions détenues par des Français.

D. — *Les titres déposés en France dans une banque, sous le dossier d'une banque ou d'une société étrangère* ou d'un tiers étranger, ne peuvent être considérés comme rapatriés en France.

En effet l'Administration ne peut, en règle générale, avoir connaissance du nom de leur propriétaire, que la banque dépositaire ignore, et les dépôts de cette catégorie échappent totalement aux restrictions de la loi du 3 avril 1918.

Cette solution doit être admise même si les dépôts de l'espèce étaient accompagnés de l'indication précise du nom et du domicile en France du propriétaire des titres, comme c'est le cas pour le cautionnement déposé sous le dossier de la société par les administrateurs français des sociétés étrangères. En effet, après avoir bénéficié de l'amnistie fiscale, les propriétaires de ces titres pourraient, sans que la loi de 1918 y fasse obstacle et sans que l'Administration puisse en trouver la moindre trace (contrairement à ce qui aurait lieu en pareille hypothèse dans le cas qui fait l'objet du § C ci-dessus) donner l'ordre de transférer les titres dans une banque étrangère.

En conséquence, tous les titres visés au présent paragraphe, aussi longtemps que les conditions de leur dépôt ne sont pas modifiées, doivent être compris dans la déclaration annuelle sous la foi du serment et faire l'objet, en cas de décès de leur propriétaire, d'un envoi en possession (art. 52 et suiv. de la loi du 13 juil. 1925).

E. — Les propriétaires de certaines *valeurs nominatives étrangères*, qui n'ont pas en mains un titre ou certificat nominatif, mais seulement un simple reçu ou avis d'inscription sur les registres de transfert de l'établissement émetteur, peuvent recevoir directement, par chèque, le montant des dividendes ou intérêts échus.

Ces titres ne peuvent être considérés comme rapatriés en France que si le reçu ou l'avis d'inscription est déposé chez une personne tenant le répertoire des opérations de change, si les dividendes ou intérêts sont domiciliés pour le payement chez ladite personne et si les déposants et le dépositaire consentent à se plier aux formalités prévues au paragraphe C ci-dessus.

80. IV. Justification de rapatriement. — *Aucune formalité n'est requise à l'importation des espèces et des titres.*

Aucun formalité d'aucune sorte n'est prévue pour les rapatriements d'espèces et de titres, de quelque façon que se présente cette opération. C'est donc aux intéressés qu'il appartiendra de se munir de justifications propres à leur assurer le bénéfice de l'amnistie.

Les intéressés sont donc libres de faire exécuter le transfert par une banque ou de se faire expédier les fonds et les titres de l'étranger par la poste, ou encore de les rapatrier eux-mêmes à l'occasion d'un voyage à l'étranger.

Nécessité pour l'importateur de se munir de justifications. — Toutefois, il reste bien entendu que l'amnistie instituée par l'article 21 de la loi du 13 juillet 1925, et notamment la remise de tout droit, amende ou pénalité fiscale visant les fonds et titres rapatriés sont subordonnées à la possibilité, pour l'intéressé, de justifier en cas de besoin que les fonds et titres existant à l'étranger étaient en sa possession à la date du 14 juillet 1925 et ont été rapatriés avant le 1er janvier 1926.

Ces justifications pourront résulter notamment d'attestations émanant des banques qui auraient concouru à l'opération du transfert.

Procédés de rapatriement recommandés. — Il a semblé utile cependant de recommander certains modes ou certaines formes de rapatriement, de façon à donner aux importateurs les moyens d'apporter, en cas de besoin, à l'Administration les justifications nécessaires pour que le bénéfice de l'amnistie leur soit acquis sans contestation possible.

1° *Rapatriement direct par l'intéressé lui-même.* — *L'importateur pourra présenter à l'agent des douanes une déclaration* attestant qu'il est de nationalité française, qu'il réside en France et qu'il procède au rapatriement de ses fonds et de ses titres dans les conditions fixées par la loi du 13 juillet 1925.

Il joindra à cette déclaration le montant des fonds et l'énumération des titres importés et une attestation de la banque étrangère où les fonds et les titres étaient en dépôt. Cette attestation établira que les fonds et les titres étaient en possession de son client à la date du 14 juillet 1925, ou que les fonds proviennent de la vente de titres en dépôt à la banque à cette date, ou encore que les titres ont été acquis au moyen de fonds en dépôt à l'étranger à la même date.

Cette énumération, visée et vérifiée par la Douane, sera conservée par l'importateur et lui servira ultérieurement, s'il y a lieu, de moyen de preuve pour justifier du rapatriement des fonds et des titres et bénéficier de l'amnistie.

Il est interdit aux agents de l'Administration de prendre copie de l'énumération annexée à la déclaration.

2° *Rapatriement par l'intermédiaire d'une banque tenant le répertoire des opérations de change.* — Le rapatriement des fonds et des titres pourra être fait par l'intermédiaire d'une banque tenant le répertoire des opérations de change à qui l'intéressé donnera l'ordre soit d'exécuter toutes les opérations de transfert, soit d'assurer la réception des fonds et des titres, dans le cas où il aurait lui-même donné directement à la banque étrangère l'ordre de faire l'expédition.

Dans l'un et l'autre cas, la banque tenant le répertoire des opérations de change demandera à son client une lettre attestant qu'il procède au rapatriement de ses fonds et de ses titres dans les conditions fixées par la loi du 13 juillet 1925. Il joindra à cette lettre une attestation de la banque établissant que les fonds et les titres étaient en possession de son client à la date du 14 juillet 1925, ou que les fonds proviennent de la vente de titres en dépôt à la banque à cette date, ou encore que les titres ont été acquis au moyen de fonds en dépôt à l'étranger à la même date.

Les titres rapatriés pourront être remis par la banque tenant le répertoire des opérations de change à son client contre une quittance.

On signale à ce sujet que l'énumération dans cette quittance de titres non abonnés ne donnera pas ouverture à la perception du droit de timbre au comptant, qui est actuellement de 2,40 p. 100.

ATTESTATION DE LA BANQUE ÉTRANGÈRE

Nous, soussignés . . . . . attestons que les fonds et valeurs énumérés ci-dessus étaient déposés dans notre établissement au nom de M. . . . ., demeurant à. . . . . ., à la date du 14 juillet 1925, ou que les titres proviennent d'achats effectués avec des fonds déposés à son nom dans notre établissement à la même date, ou que les fonds proviennent de la vente de titres existant en dépôt à son nom à la même date.

Fait à . . . ., le . . . .

(Signature.)

APPLICATION DE LA LOI DU 13 JUILLET 1925
(Art. 21)

Déclaration facultative
à soumettre au visa de la Douane.

Je soussigné . . . . . , demeurant à . . . . . , déclare procéder au rapatriement des fonds et titres énumérés ci-après par application de la loi du 13 juillet 1925 (art 21).

Fait à . . . ., le . . . .

(Signature.)

81. V. Une circulaire du 21 août 1925 a précisé plus complètement les personnes et les cas auxquels s'applique l'amnistie fiscale. — Bénéficieront de l'amnistie fiscale :

1° Les personnes qui, ayant rapatrié en France avant le 1er janvier 1926 les fonds et valeurs possédés par elles à l'étranger au 14 juillet 1925, sont appelées à profiter de l'amnistie pénale ;

2° Les personnes qui, bien que conservant à l'étranger des fonds et valeurs après le 1ᵉʳ janvier 1926, les auront régulièrement portés sur la déclaration par elles souscrite dans les deux premiers mois de 1926 ;

3° Les personnes qui, posssédant à l'étranger des biens immobiliers, en auront fait la déclaration dans les mêmes conditions et délais.

L'article 21 de la loi du 13 juillet 1925 n'impose ses prescriptions et, comme contre-partie, n'accorde ses avantages qu'aux personnes de nationalité française résidant en .France. Néanmoins, le bénéfice de l'amnistie fiscale devra être étendu, le cas échéant, *aux contribuables de nationalité étrangère* qui, ayant en France leur résidence unique ou principale et étant, à ce titre, passibles de l'impôt général à raison de l'ensemble de leurs revenus, se seraient spontanément soumis aux obligations imposées par l'article 21 aux contribuables français.

L'amnistie fiscale prévue par cet article ne s'applique, bien entendu, qu'à la taxation des revenus provenant des capitaux qui seront rapatriés ou déclarés dans les conditions et délais sus-indiqués. D'autre part, elle est subordonnée à *la condition que les insuffisances, omissions ou dissimulations dont ces revenus auraient fait l'objet dans les déclarations antérieures soient spontanément et complètement réparées dans la déclaration relative à l'impôt général de 1926*.

Portée de l'amnistie.

Mais, sous ces réserves, l'amnistie est aussi complète que possible. Elle s'étend non seulement aux majorations de droits qui auraient pu être encourues pour non-déclarations, mais aussi à la répétition des droits simples eux-mêmes. En aucun cas le service ne pourra donc réclamer ce supplément d'imposition pour les insuffisances qui, affectant les déclarations antérieures à 1926, proviendraient de l'omission des revenus produits par des capitaux existant à l'étranger, si ces capitaux sont rapatriés avant le 1ᵉʳ janvier, ou régulièrement déclarés avant le 1ᵉʳ mars 1926.

En conséquence, pour permettre aux contribuables de se mettre éventuellement en règle dans le délai qui leur est ouvert, les agents doivent s'abstenir, *jusqu'au 1ᵉʳ mars 1926*, de tout redressement portant sur les déclarations de revenus en provenance de l'étranger.

Pour ce qui est de l'*application* même de l'*amnistie*, elle ne paraît pas devoir nécessiter de précautions particulières dans le cas où les *capitaux*, ayant été conservés à l'étranger, auront régulièrement fait l'objet de la *déclaration* à produire *avant le 1ᵉʳ mars* 1926 en confor-

mité du nouveau texte légal. Les revenus de ces capitaux se trouveront, en effet, identifiés à la fois dans cette déclaration et dans la
déclaration relative à l'impôt général.

Mais lorsqu'il s'agira de *capitaux rapatriés avant le* 1er *janvier* 1926
et dont les revenus auront été régulièrement indiqués dans la déclaration d'impôt général de 1926, il ne sera pas possible *a priori* de se
rendre compte si l'augmentation accusée dans cette déclaration par
rapport aux précédentes représente des revenus de capitaux rapatriés.
Dès lors, pour s'assurer, en pareil cas, le bénéfice de l'amnistie, les
intéressés devront être en mesure de justifier du rapatriement des capitaux dont les revenus étaient omis dans leurs déclarations antérieures.

Ces *justifications* pourront résulter notamment d'attestations émana-
nant des banques qui auront concouru à l'opération de transfert.

Cependant, il a semblé utile de recommander certains modes ou
certaines formes de rapatriement, de façon à donner aux importateurs
les moyens d'apporter, en cas de besoin, les justifications nécessaires
pour que le bénéfice de l'amnistie leur soit acquis sans contestation
possible.

Ces mesures, font l'objet d'une *instruction ministérielle en date du*
12 *août* 1925 et qui est reproduite ci-après (Annexe n° 2).

En vertu de cette instruction, les *personnes procédant directement
au rapatriement* de leurs fonds et valeurs pourront faire viser par la
Douane une déclaration indiquant le montant des fonds ainsi que
l'énumération des titres importés et accompagnés, s'il y a lieu, d'une
attestation de la banque étrangère où les titres et fonds étaient en
dépôt. Les déclarations de l'espèce, dont le modèle est annexé à l'instruction ministérielle, établiront, vis-à-vis de l'Administration, le rapatriement des fonds et valeurs qui y seront mentionnés.

Si le *rapatriement est fait par l'intermédiaire d'une banque* tenant
le répertoire des opérations de change, celle-ci s'assurera elle-même,
conformément à l'instruction susvisée, que les fonds et titres sont
rapatriés dans les conditions fixées par l'article 21 de la loi du 13 juillet 1925. Dans ce cas, une simple attestation tiendra donc lieu de
justification.

Par ailleurs, *l'amnistie s'étend non seulement à l'impôt général sur le
revenu, mais encore à la taxe sur le revenu des valeurs mobilières
étrangères, ainsi qu'à l'impôt des successions.* Pour en assurer l'application en ce qui les concerne, les agents de l'Enregistrement seront
amenés, dans certains cas, à demander aux contrôleurs si une décla-

ration de capitaux a été produite avant le 1ᵉʳ mars 1926 et s'il y est fait mention de telles ou telles valeurs. Il va sans dire que satisfaction devra être donnée à ces demandes avec la célérité désirable.

En vue de faire produire aux dispositions dont il vient d'être question le maximum d'effets au point de vue du rapatriement des capitaux, il est recommandé aux agents de tous grades de leur assurer la plus large diffusion et de fournir aux contribuables tous les éclaircissements utiles (Circ. 29 août 1925, nº 1448, p. 59-62).

VIII

82. Nature du délit prévu par les lois relatives à l'exportation des capitaux et à la tenue du répertoire des opérations de change. — Quelques jugements rendus à propos de ces diverses lois emploient des expressions contradictoires. Ainsi l'un d'eux contient les termes qui suivent :

« Attendu que X... excipe de son ignorance de la loi et de sa bonne foi; mais attendu que nul n'est censé ignorer la loi et que X..., en sa qualité de membre du conseil d'administration d'une banque française, devait moins que quiconque ignorer une loi qui, comme celle du 3 avril 1918, intéresse au premier chef les opérations de banque...; attendu que tous ces faits sont exclusifs de la bonne foi » (Trib. corr. Seine, 11 déc. 1922, *Gaz. trib.*, 1923. 11. 267).

Par conséquent, il semble que la *question de la bonne foi* se ramène à ceci : le prévenu est-il censé ignorer la loi ou non? Or, comme cette présomption existe toujours, la mauvaise foi en découle; et, d'autre part, les attendus du jugement paraissent rechercher dans des circonstances de fait les éléments de la mauvaise foi. En outre, nous avons déjà vu que la loi du 13 juillet 1925, dans son article 22, met à part une catégorie de délits, une catégorie d'infractions entièrement régis par la loi du 3 avril 1918, et notamment les *faits d'exportation matérielle* ou la *tentative d'exportation matérielle* de toutes monnaies, valeurs, titres et coupons, pour les punir, aux termes de la loi du 3 avril 1918, complétée et modifiée par les lois subséquentes des 31 mars 1922 et 22 mars 1924.

De même, l'importation matérielle ou la tentative d'importation matérielle sans déclaration de titres ou valeurs mobilières dont l'entrée en France est interdite par la loi du 3 avril 1918 est passible des pénalités prévues par les lois des 28 avril 1916, articles 41, 42 et 43 ; du 21 avril 1918, titre VI, article 37 ; du 2 juin 1875, articles 1ᵉʳ et 4.

Nous nous sommes déjà expliqué sur la portée de ces modifications et leur influence quant à la détermination de la nature des délits (V. *supra*, n° 63, 64, 65 et *infra*, nᵒˢ 85, 88). Mais, en réalité, la question de la bonne ou mauvaise foi se trouve singulièrement diminuée par le fait que la poursuite relève de l'initiative du ministère des Finances, et celui-ci a le droit incontestable de transiger.

L'article 463 applicable permet de mesurer la gravité de la peine infligée.

Quant à la confiscation, elle s'applique pour le cas d'importation ou d'exportation matérielle comme en matière douanière, abstraction faite de la bonne ou mauvaise foi.

83. Observation. — Cette observation sur la nature des peines est d'autant plus importante que les divers agissements que la loi punit n'ont ni la même portée ni la même gravité. Ainsi, les divers textes sanctionnent : 1° le fait d'avoir importé ou exporté des capitaux sans autorisation ; 2° même après autorisation, de ne pas avoir eu recours aux services d'un banquier autorisé à tenir un répertoire de change ; 3° le fait par ce banquier de ne pas avoir demandé une autorisation générale ou spéciale que la loi lui impose, mais dont seules les circulaires ministérielles ont déterminé la forme, en dehors de toute réglementation législative.

84. Sanction des dispositions prises par les instructions ministérielles. — Si l'on compare le texte de la loi du 3 avril 1918 avec les textes des circulaires et des instructions ministérielles qui l'expliquent, on se rendra facilement compte que les documents administratifs ont statué sur un grand nombre de cas, c'est-à-dire d'espèces et de situations qui certainement n'ont pas fait l'objet d'une délégation expresse de la part du législateur.

Une question pourrait se poser utilement devant le tribunal : si, en l'absence d'une réglementation précise émanant du législateur, en l'absence d'un décret réglementaire, les dispositions prises par les circulaires peuvent suppléer au texte de la loi et entraîner des sanctions.

A notre avis, la réponse est négative. La Commission des changes entend se renfermer dans les limites précises des textes législatifs.

85. Sanctions civiles. Nullité des opérations. — Les peines qui frappent les auteurs des délits prévus par les textes analysés n'en constituent pas la seule sanction. Il est arrivé que des joueurs, ou même des donneurs d'ordres malheureux, ayant perdu à la suite d'opérations de change, en ont demandé la nullité devant les tribunaux civils. La question s'est posée de savoir si, par le fait même que ces opérations tombaient sous le coup de la loi pénale, elles n'étaient pas nulles comme étant contraires à l'ordre public, en vertu des articles 1131 et 1132 du Code civil.

Le tribunal civil de la Seine, sur les conclusions conformes du ministère public, a prononcé la nullité de ces opérations, qui a été confirmée par un arrêt de la cour d'appel (V. arrêt du 30 déc. 1925, déjà cité).

L'argumentation du ministère public, entièrement acceptée par le tribunal, est d'une extrême simplicité: la cause de l'obligation est illicite quand elle est prohibée par la loi; elle est par là même contraire aux bonnes mœurs et à l'ordre public.

On a cité, à l'appui, un arrêt de la Cour de cassation du 25 novembre 1919, à propos de la loi du 4 août 1903, une loi d'ordre public qui édicte des sanctions pénales. — Expliquant sa pensée d'une façon plus complète au cours du même procès, le ministère public s'est exprimé dans les termes suivants : « Quelle est la loi pénale qui n'intéresse pas l'ordre public? Quel est le délit qui n'intéresse pas l'ordre public?... Dans tout délit, qu'il se trouve lésé un intérêt particulier ou qu'il se trouve lésé un intérêt public, il n'y a pas de distinction à faire : tout délit est par définition même une infraction à l'ordre public » (V. texte de ce réquisitoire, *Rec. Gaz. Trib.*, 1923. 11. 529).

Si l'on part de ce point de vue, il faudra déclarer que toutes les fois qu'un agissement est sanctionné par une peine, s'il constitue un délit, il est contraire à l'ordre public et, par conséquent, doit entraîner la nullité de la convention.

Ce raisonnement qui paraît être d'une grande simplicité soulève des difficultés que ni les tribunaux ni la Cour ne semblent avoir aperçues. L'affirmation est trop générale et trop absolue.

Ainsi ce point a été tranché par la Cour de cassation elle-même : la loi du budget de 1907 a prévu la publicité obligatoire qui doit précéder l'émission, la vente, l'exposition, l'introduction, etc. des titres et actions en France.

L'omission d'accomplir cette formalité entraîne des sanctions pénales, et cependant il est admis sans aucune contestation possible que l'inobservation de ce texte n'entraîne pas la nullité des opérations, et c'est précisément cette absence de sanction civile qui, à un moment donné, a induit la Cour d'appel de Paris à admettre qu'un particulier ne pouvait pas se porter partie civile à l'occasion de la violation de la loi de 1907.

La Cour de cassation a cassé l'arrêt ; elle a admis qu'un particulier pouvait puiser dans ce texte le principe d'une demande en dommages et intérêts.

La Cour d'appel d'Orléans, appelée à statuer sur renvoi de la Cour de cassation, a confirmé ce point de vue ; et cependant, la loi de 1907 comporte une sanction pénale, mais ne donne pas lieu à des sanctions civiles (V. notre *Supplément*, au *Traité de droit pénal financier*, n° 293 *bis*). On ne peut pas s'en prévaloir pour demander la nullité civile de l'opération.

La question a été débattue d'une façon très complète à propos de l'article 14 de la loi du 24 juillet 1867, et les termes employés par l'éminent représentant du ministère public, M. Desjardins, méritent d'être reproduits, parce qu'ils placent la question sur son véritable terrain. Il disait notamment, en réponse à ceux qui demandaient la nullité des négociations d'actions, parce qu'il s'agissait de négociations qui constituaient un délit en elles-mêmes :

« Il n'y aurait donc qu'un moyen rigoureusement légal de résoudre la difficulté. La *sanction de la nullité, peut-on dire, s'adjoint le plus souvent, mais ne s'adjoint pas nécessairement, à la sanction pénale.*

« Voici, par exemple, des meubles qui parviennent aux mains d'un tiers à la suite d'un abus de confiance. La négociation a été viciée à sa naissance, puisqu'on trouve un délit à l'origine des actes de dispositions. Cependant cette possession vaut titre, le délit n'a pas infirmé le titre (Civ. rej. 22 juin 1858, D. P. 58. 1. 238).

« Les actes de commerce accomplis par les agents de change, quoique réprimés par la loi pénale, ne sont pas anéantis par la loi civile. Si vous croyez pouvoir aller plus loin sans dépasser votre pouvoir d'interprétation, c'est-à-dire restreindre la portée de l'article 14 aux négociations des titres qui portent le signe de leur propre nullité, conformément à l'arrêt de la Cour de Paris du 10 mai 1883, vous aurez tout simplifié. La sanction de la nullité civile et la sanction pénale restreintes au même objet se fortifieront l'une par l'autre. Vous auriez fait, par la toute-puissance d'un arrêt souverain, ce que la Commission du Corps législatif n'avait pu obtenir du Gouvernement en 1867. Par une voie ou par l'autre, l'arrêt attaqué échapperait à la casssation » (V. Tchernoff, *Traité du droit pénal financier*, t. I, n° 220 et suiv.).

La théorie des tribunaux demande d'autant plus à être revisée et examinée de plus près qu'un champ illimité se trouverait dès lors ouvert aux procès en nullité. Tandis qu'on distingue généralement les formalités substantielles qui entraînent la nullité et d'autres qui ne l'entraînent pas, il se trouverait que même le fait de ne pas demander la justification prévue par la loi sur l'exportation des capitaux entraînerait la nullité même si cette justification ou les formes de cette justification ne découlent que d'une simple circulaire ministérielle.

Comment pourrait-on, d'autre part, sanctionner une nullité quand on se trouverait en présence d'un étranger qui a déjà encaissé les fonds, qui les a transportés à l'étranger et qui échappe à l'action des tribunaux français, quand cependant les deux termes de l'opération ne constituent qu'une seule et même opération?.

La situation serait encore plus délicate quand un Français s'étant fait consentir une avance à l'étranger, par exemple en Suisse, essaiera de se soustraire à l'engagement contracté en invoquant lui-même la nullité de l'opération, et si un étranger ayant obtenu une condamnation du tribunal de son pays, par exemple en Suisse, essaie de poursuivre l'exécution de son jugement en France.

Nous verrons que la Commission d'exportation a pris en considération cette situation internationale et agit dans un sens bien plus libéral que les tribunaux français (V. n° 88).

86. Contrat direct et caractère spéculatif de l'opération de change. — Il est certain qu'en se plaçant au point de vue de la loi de 1885, et des diverses dispositions régissant les opérations de bourse, l'opération de change en elle-même est soumise aux mêmes règles que toutes les opérations de bourse. Par conséquent, l'opération de change, accomplie directement, ne constitue pas une contre-partie illicite si elle est acceptée par les parties. Bien plus, l'instruction du 10 février 1926 (V. *infra*, n° 92) précise que les opérations de change sont normalement des opérations *directes*. On ne pourrait donc pas déclarer ces opérations de bourse nulles par le fait qu'on ne justifie point de leur transmission à la bourse, s'il résulte de la correspondance, par exemple de la formule « Nous avons acheté », « Nous avons vendu », que les deux parties avaient accepté de faire des opérations directes. On ne demande pas aux opérations de change en vue d'autoriser les opérations directes des formules aussi nettes, aussi dépourvues d'ambiguïté que pour les opérations ordinaires. Bien plus, on présume de plein droit l'opération directe.

Cela n'empêche pas cependant ces opérations d'avoir souvent un caractère différentiel. La jurisprudence elle-même, à la suite des circulaires ministérielles, emploie l'expression d'opérations *spéculatives*, expression qui est de nature à induire en erreur. En effet, l'opération, quand on va au fond des choses, pour le juge, est spéculative quand elle ne répond pas aux besoins industriels et commerciaux, quand elle dépasse les besoins normaux du donneur d'ordres. La loi, en réalité, au cas où les formalités sont remplies, ne fait pas de distinction entre les opérations spéculatives ou non; car un commerçant a pu acheter des quantités importantes de marchandises qui ne répondent pas à ses besoins normaux, pour avoir l'occasion d'incorporer ses capitaux dans une valeur qui échappe aux fluctuations du change.

L'opération différentielle est autre chose que l'opération spéculative; c'est une opération qui, dans l'intention des parties, ne donnera pas lieu à une livraison de devises et au payement en francs pour l'intégralité de l'opération, mais qui se liquidera par de simples différences.

87. Opérations différentielles. — La question peut se poser à propos de ces opérations purement différentielles si elles sont valables civilement et si elles tombent sous le coup de la loi pénale.

En principe, une opération différentielle, depuis la loi de 1885 sur l'exception du jeu, ne peut pas être annulée sous le prétexte qu'en fait les parties se sont contentées de toucher les différences ou n'ont eu en vue que les différences. Il suffira de constater que les parties ont pu demander la livraison effective de devises et payements en francs.

Mais, au point de vue pénal, la question peut se poser si une opération purement différentielle est susceptible d'être sanctionnée pénalement; car, en fait, ce que la loi et les textes administratifs répriment, c'est une opération qui aboutit à l'exportation des capitaux. Mais si, dès le début, les parties n'ont pas eu l'intention d'aboutir à un mouvement de fonds, s'il a été entendu qu'on ne spéculerait que sur la différence, que l'ordre, en réalité, ne viendrait pas peser sur la loi de l'offre et de la demande, qu'on se contenterait d'enregistrer les fluctuations ayant eu lieu en dehors des parties, on pourrait, à la rigueur, soutenir que les textes ne sont pas applicables à de purs jeux différentiels.

A la vérité, le juge sera toujours tenté de ne voir dans l'opération qu'une opération réelle ; et, précisément en vertu de la loi sur l'exception de jeu de 1885, il jugera que l'opération était de nature à donner lieu à un mouvement de fonds et appliquera les sanctions pénales.

Théoriquement, étant donné le but de la loi, le spéculateur qui n'escompte que la différence pourrait échapper à la loi pénale, mais il faudra alors qu'il proclame le caractère différentiel de l'opération et qu'il s'expose à une action en nullité, en vertu des textes généraux qui régissent les opérations de jeu (V. Tchernoff, *les Marchés à terme et reports devant les tribunaux*).

88. Prescription. Point de départ. — Les délits et contraventions sanctionnés par les textes précédents sont des délits instantanés qui s'accomplissent toutes les fois qu'une infraction à la loi est constatée.

Au point de vue de la prescription, il importe de constater le point de départ du délit.

La difficulté provient de ce qu'en dehors de l'importation et de l'exportation matérielle, la loi de 1918 punit toute espèce de procédés par lesquels on constitue un avoir à l'étranger.

Ce procédé peut consister dans un engagement pris envers une banque étrangère ou envers un particulier quelconque, qui comme contre-partie met à la disposition du résident en France un certain avoir, par exemple une certaine somme d'argent.

Quel sera le point de départ de la prescription? Est-ce l'engagement grâce auquel l'avoir est mis à la disposition du résident français? Est-ce le moment où il est obligé, en exécution des engagements antérieurs, de faire parvenir des fonds à l'étranger?

Il serait trop rigoureux de relever deux délits distincts pour la même opération.

Si l'on se plaçait au point de vue de la jurisprudence des tribunaux civils (V. n° 85), on prononcerait la nullité de l'opération, puisqu'elle est contraire à ce qu'on considère comme étant d'ordre public en France, et seul le deuxième terme de l'opération apparaîtrait.

Mais telle n'est point la pratique de la Commission des changes. Plus libérale que les tribunaux, elle ne tient pas à ce qu'on puisse s'abriter derrière la loi pour violer des engagements formels contractés envers les étrangers.

Le résident français sera mal venu de profiter d'un crédit ouvert, d'un avoir mis à sa disposition pour, plus tard, prétendre qu'il ne doit plus rien, son engagement étant contraire à la loi en France.

La question se posera un jour ou l'autre devant les tribunaux si un résident français, se prévalant de cette jurisprudence, se fait condamner par les tribunaux suisses par exemple et qu'on vienne en France réclamer l'exécution du jugement obtenu dans un pays étranger où la nullité civile n'est pas reconnue.

La Commission des changes, dans ces conditions, sollicitée, accorde les autorisations nécessaires, et ainsi fait disparaître le délit, si plus de trois ans se sont écoulés depuis l'engagement contracté à l'étranger.

La question peut paraître quelque peu délicate quand les mouvements de fonds vers l'étranger sont nécessités à la suite d'un engagement pris, par exemple, envers une société étrangère à la suite d'une souscription et quand cet engagement donne lieu à une série de payements.

A notre avis, on ne se trouve pas en présence d'un délit continu; seul l'engagement primitif doit être envisagé si l'on partage l'avis de la Commissions des changes, en considérant les payements subséquents comme la conséquence directe de l'engagement illégalement pris (V. n° 85).

89. Loi du 3 avril 1918. Dérogation générale en faveur des voyageurs se rendant à l'étranger dans la limite d'un maximum de 5000 francs. — Une circulaire du 31 juillet 1920, par dérogation aux dispositions de la loi du 3 avril 1918, et de l'arrêté du 3 juillet 1918, élève de 1000 à 5000 francs la somme que tout voyageur muni d'un passeport, se rendant à l'étranger, est libre d'emporter sans autorisation spéciale.

Comme suite à cette dérogation, le Comité de contrôle de l'exportation des capitaux a décidé que les banques tenant le répertoire des opérations de change pourraient, sans lui en référer, céder à leurs clients se rendant à l'étranger des billets de banque étrangers ou leur délivrer des chèques ou accréditifs sur l'étranger, jusqu'à concurrence d'un montant maximum de 5000 francs par personne ou de sa contre-valeur en monnaie étrangère, sur la communication par les intéressés d'un passeport régulier et remise de la déclaration écrite prévue par la loi.

L'opération sera inscrite par la banque à son répertoire des changes et la déclaration écrite conservée conformément aux dispositions du paragraphe 3 de l'article 2 de la loi du 3 avril 1918.

La somme qu'a la faculté de sortir de France sans autorisation un même voyageur ne peut excéder 5 000 francs ; si donc un voyageur se proposait d'exporter la totalité de cette somme en billets de la Banque de France, le banquier doit refuser toute remise de devises étrangères (billets de banque étrangers, chèques, lettres de crédit ou virements), et s'il ne devait emporter qu'une partie des 5 000 francs en billets de la Banque de France, le banquier n'aurait, sauf autorisation spéciale, à lui fournir en devises étrangères que le complément destiné à parfaire la somme de 5 000 francs.

Le banquier doit, en conséquence, exiger de ses clients, dans ce cas, qu'ils précisent dans leur déclaration qu'ils renoncent à exporter des billets de banque français jusqu'à concurrence du montant de leur achat de devises étrangères.

Les demandes d'autorisation d'exportation de sommes supérieures à 5 000 francs par personne pour frais de voyage à l'étranger doivent être adressées, comme précédemment, avec motifs à l'appui, au ministre des Finances, sous le timbre du service de contrôle de l'exportation des capitaux.

En portant ces dispositions à la connaissance des banquiers, le comité signale que l'autorisation générale donnée aux voyageurs se rendant à l'étranger d'exporter une somme de 5 000 francs ou sa contre-valeur en devises étrangères est strictement limitée aux personnes munies de passeport quittant le territoire français.

Toutes les autres exportations de capitaux, sous quelque forme et à quelque titre que ce soit, restent soumises aux mêmes prohibitions que précédemment, telles qu'elles découlent des dispositions de la loi du 3 avril 1918 et de l'arrêté du 3 juillet 1918 ou des mesures prises en vue de leur application.

90. Interdiction d'exporter des billets de banque. Arrêté du 18 mars 1926. — Le décret du 29 mai 1917 contenait l'interdiction générale frappant l'exportation des papiers représentatifs de la monnaie.

Après avoir été embarrassé par l'explication du terme « papiers représentatifs de la monnaie », le ministère des Finances l'a utilisé dans un arrêté du 3 juillet 1918, pour interdire vers toute destination l'exportation ou la réexportation, sans autorisation préalable, des billets des États-Unis d'Amérique, de la Banque de France et de la Banque de Russie, sauf pour les voyageurs munis d'un passeport, dans les limites d'une somme qui, à cette époque, a été fixée à 1 000 francs par personne et qui, comme nous venons de le voir, est portée actuellement à 5 000 francs.

La prohibition a cessé pour les billets des États-Unis d'Amérique et pour la Banque de Russie, — l'Angleterre n'en a jamais voulu, — mais on l'a maintenue pour les billets de la Banque de France (V. n° 91).

Un arrêté du 18 mars 1926 a rapporté les dispositions de l'arrêté du 3 juillet 1918 (V. *Journ. off.* des 22-23 mars 1926) dans les termes suivants :

Vu le décret du 29 mai 1917 prohibant la sortie des papiers représentatifs de la monnaie ;

Vu l'article du 3 juillet 1913 interdisant, sauf autorisation préalable, l'exportation et la réexportation de certains titres ou billets :

Vu les arrêtés du 11 décembre 1919 et du 6 août 1921, rapportant certaines dispositions de l'arrêté susvisé.

Article unique. — Les dispositions de l'arrêté du 3 juillet 1918 sont rapportées en ce qui concerne les *actions* énumérées à l'article 2 dudit arrêté.

Ces actions peuvent, en conséquence, être exportées sous les réserves édictées par la loi du 3 avril 1918 et les lois subséquentes.

91. Interdiction d'exporter des monnaies d'or et d'argent françaises ou étrangères.

— La loi du 17 avril 1915 et un décret ultérieur ont interdit l'exportation des monnaies d'or et d'argent françaises sous peine d'un emprisonnement d'un mois à deux ans et d'une amende de 100 à 1 000 francs, ou de l'une de ces deux peines seulement. L'or et l'argent saisis sont confisqués ainsi que les moyens de transport.

Sauf autorisation spéciale du ministère des Finances (Commission du contrôle de l'exportation des capitaux), il est également interdit aux voyageurs se rendant à l'étranger d'emporter une somme supérieure à 5 000 francs, comme il vient d'être indiqué ; mais les voyageurs rentrant en France et n'y ayant séjourné que temporairement peuvent obtenir aux points d'entrée, après déclaration au service des Douanes des monnaies d'or ou d'argent, ou chèques, ou valeurs, ou titres qu'ils possèdent, une attestation qui vaut titre pour la sortie.

Sans autorisation du ministère des Finances, ils peuvent obtenir des banques ayant un répertoire de change des chèques, lettres de crédit, en indiquant la provenance étrangère des fonds.

92. Instruction du 10 février 1926 relative à l'application des articles 74 et 75 de la loi du 12 juillet 1925, qui ont institué un impôt sur les opérations de change, et du décret du 25 janvier 1926.

Observation. — Cette instruction ne s'applique pas exclusivement aux opérations d'importation et d'exportation des titres ou à celles relatives au répertoire de change; mais les mêmes agents, comme nous l'avons signalé à propos du décret du 25 janvier 1926, ont pouvoir de constater les délits. Nous avons déjà montré la distinction qui existe entre ce pouvoir et la différence quant aux sanctions applicables.

Mais l'instruction du 10 février 1926 constitue une espèce de codification de la matière et donne une définition des opérations de change. Par là même, elle indique quelles sont les opérations qui doivent figurer sur le répertoire.

On notera que les communications qui sont faites à ces agents permettent à ceux-ci de surveiller l'application de la législation sur le change et l'exportation des capitaux; mais il est bien expressément entendu qu'il est *interdit aux agents d'utiliser les renseignements obtenus dans un but fiscal.*

Ceci est évidemment conforme à l'esprit même de la loi du 3 avril 1918, mais nous avons déjà constaté que le législateur lui-même s'est départi de sa pensée primitive puisqu'il utilise le répertoire de change pour introduire un régime fiscal des opérations de change.

Le titre III de l'instruction vise simplement le régime fiscal des opérations de change et ne se rattache pas étroitement à notre matière, mais il donne la définition des opérations de change, qui est nécessairement applicable en matière de répertoire de change; aussi nous en donnons ici la reproduction complète. Nous passerons sous silence les bases de la perception et le résumé très incomplet de la législation sur l'exportation des capitaux.

1. Un décret du 25 janvier 1926, publié au *Journal officiel* du lendemain, a déterminé, en exécution de l'article 75 de la loi du 13 juillet 1925, les conditions d'application de l'impôt sur les opérations de change institué par l'article 74 de la même loi.

La présente instruction a pour but de donner au service des indications générales sur les opérations de change et leur réglementation et de préciser les règles de perception de l'impôt.

I. — *Notions générales sur les opérations de change.*

2. Le terme « change », pris dans une acception générale, s'applique à tout échange de monnaies ; mais on donne plus particulièrement la dénomination d'opérations de change à celles qui consistent dans la conversion d'espèces nationales en monnaies étrangères ou, réciproquement, dans la conversion d'espèces étrangères en monnaie française.

Le change peut avoir pour objet, non seulement des monnaies métalliques, mais encore des titres qui en sont la représentation : billets de banque et papiers de commerce (effets, chèques, mandats, etc.), coupons, valeurs mobilières ou même simples écritures en compte. Ces divers instruments de change, à l'exception des valeurs mobilières, se nomment communément « devises ».

Plus spécialement, on appelle aussi change les monnaies, devises ou valeurs étrangères destinées à être échangées contre des monnaies, devises ou valeurs françaises.

Les opérations de change sont dites sur place quand l'ordre est exécuté au lieu même où il a été donné ; de place à place s'il est exécuté dans un autre endroit.

Comme les opérations de bourse, les opérations de change sont effectuées au comptant ou à terme suivant que l'échange des monnaies ou devises est réalisé immédiatement ou, au contraire, que l'acheteur et le vendeur jouissent d'un délai déterminé pour l'exécution de leurs engagements réciproques.

Les reports interviennent, en fait, entre l'acheteur et le vendeur primitifs seuls, et consistent dans une simple prorogation d'échéance consentie moyennant le versement d'une prime. Dans l'état actuel de la législation, une tierce personne ne peut d'ailleurs concourir à l'opération, puisque, d'après la loi du 3 avril 1918, toute opération de change à titre de placement ou de spéculation se trouve interdite.

Les opérations de change diffèrent sensiblement, en général, des opérations de bourse au point de vue du rôle de l'intermédiaire. Ce dernier n'est pas un simple mandataire qui représente son client ;

il achète des monnaies et devises en son propre nom et les revend
ensuite à des particuliers ou à d'autres intermédiaires.

II. — *Réglementation des opérations de change.*

LÉGISLATION

Sous ce titre suit la reproduction des textes que nous avons donnés,
et malheureusement, malgré cet essai de codification, l'instruction
ne coordonne pas les textes pour en faire un texte unique, mais les
donne dans leur succession chronologique. Les lecteurs de cet ouvrage
trouveront donc ces textes coordonnés sous les numéros 52 et suiv.

RÉPERTOIRE

6. L'article 4 de la loi du 1ᵉʳ août 1917 prévoyait qu'un arrêté
du ministre des Finances déterminerait le modèle du répertoire des
opérations de change, les indications à y porter ainsi que les états
récapitulatifs dont la remise périodique pourrait être demandée aux
assujettis. Cette réglementation résulte de deux arrêtés des 4 septembre 1914 et 4 avril 1918, dont les dispositions sont commentées
dans des instructions ministérielles des 27 septembre 1917, 1ᵉʳ mai et
15 juin 1918.

Les assujettis doivent tenir deux répertoires : le répertoire général
et le répertoire « livraison ».

7. *Répertoire général.* — Le répertoire général est divisé en trois
parties; et les deux premières parties sont elles-mêmes divisées en
deux catégories.

Sont inscrits à ce répertoire :

Première partie : Les achats de devises étrangères effectués soit à
des personnes ne tenant pas le répertoire (1ʳᵉ catégorie), soit à des
personnes tenant elles-mêmes le répertoire (2ᵉ catégorie). Dans la première catégorie figurent les achats de devises étrangères effectués à
l'étranger, et dont le prix est réglé par une exportation de capitaux
de France.

Deuxième partie : Les ventes de devises étrangères soit à des personnes non assujetties à la tenue du répertoire, et notamment aux
banques ou autres personnes résidant à l'étranger (1ʳᵉ catégorie), soit
à des personnes assujetties à la tenue du répertoire (2ᵉ catégorie).

Troisième partie : Les opérations comportant ou ayant comporté une mise de francs à la disposition de l'étranger. Dans cette troisième partie sont inscrits, au moment de leur payement en France, les effets émis en francs au profit de personnes résidant à l'étranger ou les effets émis en francs ayant fait l'objet d'une négociation à l'étranger, les uns et les autres payables en francs en France.

Il faut noter qu'à la troisième partie du répertoire, d'après l'instruction du 27 septembre 1917, figurent des opérations qui seront retranscrites à la première partie ou à la deuxième partie, selon le cas, lorsqu'elles constituent une modification de la situation des changes de la personne qui tient ledit répertoire.

On n'inscrit pas sur le registre les négociations de titres d'actions ou d'obligations libellés en monnaies étrangères, lorsqu'elles n'ont pas d'autre but que d'effectuer en France un simple transfert de propriété, sans aucune opération de change sur l'étranger (loi du 1ᵉʳ août 1917, article 3). Par contre, doit y figurer toute affectation à usage de change, par la personne qui tient le répertoire, de titres de la même nature (arrêté du 4 sept. 1917, art. 2).

8. *Répertoire spécial.* — Indépendamment du répertoire général, les assujettis doivent tenir un répertoire spécial sur lequel ils inscrivent les opérations « livraison », c'est-à-dire les opérations à terme au fur et à mesure de leur négociation.

A leur échéance, ces opérations sont annulées par une inscription pour ordre et reportées sur le répertoire général (arrêté du 4 avr. 1918 art. 4).

9. *Tenue des répertoires.* — Les assujettis sont autorisés à grouper sur leur répertoire certaines opérations dans les conditions suivantes déterminées par l'article 3 de l'arrêté du 4 avril 1918.

En ce qui concerne les achats :

a) S'il s'agit de numéraire, de billets de banque ou de l'encaissement de la valeur de titres étrangers ou de la valeur des dividendes, intérêts et arrérages de ces titres, ils peuvent à la fin de chaque journée et quel qu'en soit le montant être groupés par catégorie d'opérations et par nature de monnaies étrangères ;

b) S'il s'agit de chèques, d'effets (traites, mandats, billets, etc., quelle qu'en soit l'échéance) ou d'écritures en compte, ils peuvent, à la fin de chaque journée, être groupés par catégorie de devises et par nature de monnaies étrangères lorsque chacune de ces devises est d'un montant inférieur à 25000 fr. et à condition que leur négociation ne constitue pour le client vendeur qu'une opération isolée.

En ce qui concerne les ventes (2ᵉ partie), ces opérations, qu'elles concernent du numéraire, des billets de banque, l'encaissement de titres ou de coupons, la négociation de chèques et d'effets (traites, mandats, billets, qu'elle qu'en soit l'échéance) ou des écritures en compte, peuvent, à la fin de chaque journée, être groupées par catégorie de devises et par nature de monnaies étrangères, à condition que chaque inscription, prise isolément, ne porte pas sur une valeur supérieure à 5000 francs.

10. *Arrêtés et relevés de quinzaine.* — Le 5 et le 20 de chaque mois, les sommes inscrites aux première et deuxième parties du répertoire général et au répertoire « livraison » sont totalisées. Le 10 et le 25 de chaque mois les assujettis doivent adresser au ministère des Finances (Comité de contrôle de l'exportation des capitaux) des relevés ou extraits de leurs répertoires (art. 8 et 9 de l'arrêté du 4 sept. 1927).

11. *Contraventions. Communication.* — Les contraventions, tant aux lois des 1ᵉʳ août 1917 et 3 avril 1918 qu'aux lois qui les ont complétées ou modifiées, sont punies de peines correctionnelles (lois des 1ᵉʳ août 1917, art. 5 ; 3 avr. 1918, art. 9 ; 28 févr. 1921, art. 13 et 14 ; 22 mars 1924, art. 70 et 73 ; 13 juill. 1925, art. 22).

Les agents de l'Enregistrement ont été désignés pour constater ces contraventions, sauf celles qui sont prévues par la loi du 13 juillet 1925, et pour exercer le droit de communication chez les assujettis, mais avec interdiction de faire usage de ce droit de communication pour un autre motif que l'application de la législation sur le change et l'exportation des capitaux et d'utiliser les renseignements obtenus dans un but fiscal (loi du 3 avr. 1918, art. 5, arrêté du 4 sept. 1917).

III. — *Régime fiscal des opérations de change.*

OPÉRATIONS VISÉES PAR LA LOI

12. L'article 74 de la loi du 13 juillet 1925 soumet à une taxe de 10 centimes par 1000 francs ou fraction de 1000 francs

les « opérations de change visées à l'article 1er de la loi du 1er août 1917 », et l'article 3 du décret du 25 janvier 1926 précise que les opérations assujetties à l'impôt « sont les opérations d'achat et de vente de change contre francs réalisées en France, et inscrites au répertoire général (1re et 2e partie) (1re catégorie) dont la tenue est prescrite par l'article 2 de la loi du 1er août 1917 et par les arrêtés ministériels des 4 septembre 1917 et 4 avril 1918 ». L'art. 41 de la loi d'avril 1926 a porté l'impôt à 0 fr. 25 par 1000 francs ou fraction de 1000 francs.

13. *Conditions d'exigibilité de l'impôt.* — Du rapprochement de ces deux textes, il résulte que, pour qu'une opération soit susceptible d'être taxée, elle doit réunir trois conditions :

1° Elle doit constituer un achat ou une vente contre des francs de monnaies ou devises étrangères ou de valeurs libellées en monnaies étrangères ;

2° Elle doit être réalisée en France ;

3° Elle doit, sauf exception, intervenir entre deux personnes dont l'une est assujettie à la tenue du répertoire des changes et l'autre n'est pas soumise à cette obligation.

14. *Première condition.* — L'opération doit constituer un achat ou une vente contre des francs de devises étrangères ou de valeurs libellées en monnaies étrangères.

Une opération d'échange de devises étrangères contre d'autres devises étrangères ne doit donc pas être soumise à la taxe, à moins qu'elle ait été décomposée en fait en une vente et un achat, auquel cas chacune des deux opérations devrait être considérée isolément.

D'autre part, il n'y a pas lieu de taxer les opérations, inscrites à la troisième partie du répertoire général.

Toutefois, ces opérations peuvent, dans certains cas, constituer des opérations de change ; elles doivent alors être reportées à la première ou à la deuxième partie du répertoire, conformément aux dispositions de l'instruction du 27 septembre 1917, paragraphe A, et elles sont passibles de l'impôt.

15. *Deuxième condition.* — L'opération doit, en outre, être réalisée en France.

Cette condition se trouve remplie quand le contrat est conclu en France, ou quand il est exécuté par la livraison des devises dans notre pays.

Mais, comme les opérations traitées avec les places étrangères sont souvent conclues par téléphone et exécutées par l'inscription d'un crédit de change à un compte ouvert à l'étranger et d'un débit de francs à un compte ouvert en France, il est parfois délicat de déterminer le lieu où l'opération est réalisée. Dans cette hypothèse, on considérera, pour le moment, que l'opération est réalisée en France quand la partie qui traite avec l'assujetti réside en France, et qu'au contraire elle est réalisée à l'étranger si la partie réside à l'étranger.

16. *Troisième condition.* — L'opération doit être conclue entre deux personnes dont une seule est assujettie à la tenue du répertoire.

Le décret ne vise, en effet, que les opérations inscrites à la première catégorie des première et deuxième parties du répertoire, c'est-à-dire les opérations effectuées par une assujetti avec des personnes non astreintes à la tenue du répertoire.

Il en résulte que l'impôt ne frappe pas les opérations conclues entre assujettis. Ces opérations ne pouvant être effectuées par les assujettis que pour les besoins de la clientèle, le décret en a fait abstraction comme si elles émanaient de simples mandataires des parties et n'a retenu comme soumises à la taxe que les transactions initiales ou finales, à condition qu'elles soient réalisées en France.

17. Toutefois, les opérations des intermédiaires ne bénéficient pas de l'immunité quand elles sont contractées par l'assujetti pour ses propres besoins. Aussi l'article 3, paragraphe 2, du décret du 25 janvier 1926 prescrit-il de les inscrire à la première catégorie du répertoire général. Le fait qu'un assujetti, qui a des payements ou des encaissements à faire pour ses besoins personnels ou pour ceux de son commerce, tient le répertoire, ne saurait, en effet, le dispenser du payement d'une taxe qui lui serait réclamée si, simple particulier, il avait recours à l'intermédiaire d'un assujetti.

Pour cette raison, d'ailleurs, l'impôt est exigible alors même que l'opération est réalisée à l'étranger.

18. D'autre part, la taxe n'est pas applicable aux opérations directes entre non assujettis.

Les opérations directes sont d'ailleurs très rares ; elles sont, en effet, prohibées quand elles constituent des exportations de monnaies, valeurs ou capitaux et, dans les autres cas, elles ne sont licites que si elles sont effectuées à titre accidentel et pour un montant ne dépassant pas 1000 francs (loi du 3 avr. 1918, art. 1ᵉʳ et 2).

19. *Opérations à terme.* — L'article 3, paragraphe 3, du décret du 25 janvier 1926 prescrit de reporter ces opérations au répertoire général, à la date de livraison. Il faut entendre par là la livraison définitive qui clôt l'opération. De cette disposition découlent les deux conséquences suivantes :

1° En matière d'opérations à terme, *l'impôt n'est payable qu'au moment de l'exécution du contrat ;* mais il ne s'agit là que d'une simple prorogration de délai : la conclusion du marché reste le fait générateur de l'impôt et les événements postérieurs demeurent sans influence sur son exigibilité. Une opération à terme annulée ou compensée doit donc être reportée au répertoire général lors de l'annulation ou de la compensation. Dans ce dernier cas, chacune des deux opérations inverses est considérée isolément pour la perception de l'impôt ;

2° *Les opérations intermédiaires de reports sont exemptes de l'impôt.* Cette immunité est acquise quelle que soit la forme sous laquelle le report est traduit dans les écritures, et même s'il est décomposé en un achat au comptant et une revente à terme, ou inversement, à condition, bien entendu, qu'il ne s'agisse pas d'une opération nouvelle, c'est-à-dire que le report intervienne entre les seules parties qui ont conclu l'opération originaire, et que les modifications au contrat ne portent que sur la date d'échéance et sur le taux de la devise.

20. *Opérations effectuées par le Trésor public.* — L'État ne se payant pas d'impôt à lui-même, les opérations de change effectuées par le Trésor public sont exemptes de la taxe.

21. *Coupons et titres amortis.* — Aux termes de l'instruction du 27 septembre 1917, les transactions sur coupons ou titres amortis *libellés en plusieurs monnaies étrangères* ne font l'objet que d'inscriptions pour ordre sur le répertoire des intermédiaires successifs. Ces inscriptions mentionnent seulement le nom de la personne qui a fait l'opération et la valeur globale des coupons ou titres. Seule la banque qui négocie ou encaisse à l'étranger ces coupons ou titres amortis les inscrit par nature de monnaies à son répertoire.

Cette réglementation est sans influence sur la perception de l'impôt qui est dû par toute banque qui achète des coupons ou les cède à un non-assujetti.

D'autre part, aux termes de la même instruction, *les succursales et agences des établissements de crédit,* à la condition qu'elles ne cèdent jamais de coupons et de titres amortis à d'autres qu'à leur siège central, peuvent, en le mentionnant sur leur répertoire, et sans indiquer le montant, considérer les coupons et titres amortis libellés en plusieurs monnaies étrangères comme achetés ou pris à l'encaissement, pour le compte du siège central. Celui-ci groupe, par succursale et par catégorie de monnaies, les coupons et titres amortis et les inscrit sur son répertoire, en spécifiant la succursale qui les lui a adressés.

Les succursales et agences des banques qui emploieront ce procédé devront dorénavant acquitter elles-mêmes l'impôt sur les coupons qu'elles auront achetés ou encaissés et, par suite, inscrire le montant en francs de ces opérations sur leur répertoire, sauf à faire ressortir par une marque distinctive, par exemple en employant l'encre rouge, qu'elles sont récapitulées sur le répertoire du siège social, et à ne pas en comprendre le montant dans la copie destinée au Comité de contrôle de l'exportation des capitaux.

OBLIGATIONS DES ASSUJETTIS

Déclaration d'existence. — Les personnes qui se livrent au commerce des changes doivent en faire la déclaration préalable au bureau de l'enregistrement de leur résidence, ainsi qu'à celui du siège de chacune de leurs succursales ou agences. Les articles 1er et 2 du décret précisent les indications que doivent contenir ces déclarations, qui ne peuvent être reçues si elles ne sont accompagnées de l'autorisation écrite du ministre des Finances ou d'une copie certifiée de cette autorisation.

Les assujettis étaient déjà tenus à de semblables déclarations en vertu des articles 1er de la loi du 1er août 1917 et 60 de la loi du 22 mars 1924. Ceux d'entre eux qui ont fait précédemment des déclarations en vertu de ces lois n'auront pas à les renouveler. Les nouveaux assujettis, de leur côté, ne seront soumis dans chaque bureau qu'à une seule et même déclaration, qui satisfera à la fois au vœu des lois du 22 mars 1924 et du 13 juillet 1925.

Des déclarations doivent également être faites dans les mêmes formes en cas de création d'une agence ou succursale nouvelle, de changement de siège ou de cessation des opérations de l'établissement principal ou d'une agence ou succursale, ainsi qu'en cas de retrait de l'autorisation du ministre des Finances.

25. *Répertoire.* — *Le décret* n'a soumis les assujettis à la tenue d'aucun répertoire nouveau ; il s'est *borné à modifier le répertoire actuel pour permettre le contrôle du payement de l'impôt* (Art. 3 du décret).

A cet effet, le répertoire général doit être complété, en ce qui concerne les opérations de la première catégorie (1re et 2e parties), par deux colonnes supplémentaires, intitulées l'une « droits perçus » et l'autre « observations ».

La première de ces colonnes doit comprendre le montant des droits perçus sur chaque opération, ou le total des droits afférents à l'ensemble des opérations qui peuvent être groupées.

26. Afin de faciliter la vérification des droits afférents aux opérations groupées, les assujettis doivent :

1° Indiquer dans la colonne « observations » le nombre des opérations excédant 1 000 francs et le nombre des opérations qui ne dépassent pas 1 000 francs ;

2° Pouvoir représenter des documents permettant de justifier le calcul de l'impôt (art. 4).

Il n'a pas paru possible de prescrire l'inscription détaillée, soit sur le répertoire, soit sur un registre d'une forme déterminée, des opérations susceptibles d'être groupées ; mais le décret impose aux assujettis l'obligation de conserver trace de ces opérations. Le terme « documents » est d'ailleurs assez large pour désigner les pièces ou écrits de toutes sortes en usage dans les banques (brouillards, livres de caisse, fiches, bordereaux, etc.), pourvu qu'ils soient tenus avec une clarté suffisante.

27. Les assujettis ont le droit d'utiliser simultanément autant de volumes du répertoire que l'exige l'organisation de leur service (art. 10) ; ils peuvent, en particulier, affecter chacun de ces volumes à une catégorie déterminée d'opérations (portefeuilles, effets, virements, etc.).

28. *États*. — Les 5 et le 20 de chaque mois, c'est-à-dire aux époques où ils totalisent leurs répertoires et en font des copies et extraits destinés au service du contrôle de l'exportation des capitaux, les assujettis doivent dresser un état indiquant le montant global des droits perçus sur les opérations inscrites au répertoire général pendant la quinzaine précédente, sans qu'il soit nécessaire de mentionner le détail des opérations.

Les états sont certifiés par l'assujetti ; ils sont produits à l'administration de l'Enregistrement, entre le 5 et le 10 pour la période du 5 au 20 du mois précédent, et entre le 20 et le 25 pour la période du 20 du mois précédent au 5 du mois courant.

Le dépôt des états est accompagné du montant des droits.

Il est déposé un état négatif quand le répertoire ne mentionne aucune opération sujette à la taxe depuis l'établissement du dernier état.

Dans le cas où le répertoire est établi en plusieurs volumes, l'état doit indiquer successivement le total des droits afférents à chaque volume (art. 10).

29. *Agences et succursales*. — En principe, chaque succursale ou agence d'un même établissement est astreinte, en ce qui concerne la tenue du répertoire et le dépôt des états, aux mêmes obligations que l'établissement principal. Mais les assujettis qui en font la demande peuvent être autorisés à centraliser à leur établissement principal ou dans une agence ou succursale déterminée les opérations de change effectuées dans certaines agences ou succursales. Dans ce cas, les opérations effectuées dans ces agences ou succursales sont inscrites sur le répertoire de l'établissement centralisateur, et les droits y afférents sont compris dans les états déposés par cet établissement (art. 9).

30. *Communication*. — Les assujettis sont soumis au droit de communication dans les conditions prévues par les articles 22 de la loi du 23 août 1871 et 7 de la loi du 21 juin 1875.

Ce droit est donc absolument général ; il s'applique non seulement à toutes les parties et catégories du répertoire général, au répertoire spécial « livraison » et aux documents justificatifs de l'impôt en ce qui concerne les opérations groupées, mais à tous livres, registres, titres, pièces de recette, de dépenses ou de comptabilité.

D'autre part, le droit de communication peut être utilisé non seulement pour le contrôle du nouvel impôt, mais pour la vérification de tous les impôts recouvrés par l'Administration.

31. Tout refus de communication doit être constaté par un procès-verbal.

Les répertoires et toutes les pièces soumises au droit de communication doivent être conservés pendant cinq ans (art. 12 du décret).

Le droit de communication peut s'exercer dans toutes les agences ou succursales d'un établissement assujetti, que ces agences ou succursales tiennent ou non le répertoire.

PÉNALITÉS. — PRESCRIPTIONS

32. *Pénalités.* — Toute infraction aux prescriptions tant de l'article 74 de la loi que du décret est punie d'une amende de 100 à 5 000 francs en principal (art. 74 de la loi et art. 13 du décret). soit de 180 à 9 000 francs, décimes compris (Lois des 25 juin 1920, art. 110, et 22 mars 1924, art. 3).

Ces pénalités constituent *les amendes fiscales proprement dites :* elles sont indépendantes *des amendes correctionnelles prononcées par les lois réglementant les opérations de change et l'exportation des capitaux, avec lesquelles elles peuvent se cumuler.*

33. *Prescriptions.* — A défaut de disposition contraire, la nouvelle taxe ne peut se prescrire que par *trente ans ;* les pénalités sont. par contre, soumises à la prescription biennale établie par l'article 14 de la loi du 16 juin 1924.

MESURES DE MANUTENTION ET DE COMPTABILITÉ

Pour la réception des déclarations (déclarations d'existence, de changement de siège, de création ou de suppression d'établissements annexes et de cessation des opérations), les agents se conformeront aux prescriptions en vigueur de l'instruction numéro 3520, qui sont expressément maintenues.

Les receveurs compétents, tant pour la réception des déclarations que pour la recette de la taxe, sont ceux qui ont dans leurs attributions la perception de la taxe sur les opérations de bourse.

Ils ouvriront, au nom de chaque assujetti dont ils ont déjà reçu la déclaration par application des lois du 1er août 1917 et 22 mars 1924, ou qui leur feront cette déclaration à l'avenir, un dossier constitué .

à l'aide d'une des formules en usage pour les dossiers de vérifications extérieures. Ils mentionneront sur chaque formule, en caractères très apparents, le nom de l'assujetti, sa qualité, son domicile, la date et le numéro de la déclaration d'existence souscrite par lui, enfin tous les renseignements généraux et pour ainsi dire permanents concernant. les débiteurs des droits. Ils classeront dans ces dossiers les états déposés périodiquement au bureau après les avoir émargés de la date et du numéro de la recette ou de l'enregistrement pour ordre, dans le cas où il n'y aura pas eu lieu à payement.

Les receveurs effectueront la recette des droits sur le registre à souche des opérations de bourse, qui sera arrêté le 10 et le 25 de chaque mois, et délivreront quittance des droits versés. Si l'état déposé ne donne pas lieu à versement parce qu'il est négatif, ils délivreront néanmoins la formule, après y avoir constaté la remise de l'extrait et le fait de l'absence de perception. La quittance des droits sera timbrée lorsqu'elle sera supérieure à 10 francs.

Les assujettis seront rangés, sans exception, parmi les redevables qui doivent être obligatoirement visités chaque année. Pour faciliter le contrôle, les dossiers seront classés dans la première catégorie des vérifications extérieures par ordre de numéro des déclarations. Enfin, en vue de rendre les recherches plus rapides, le registre des déclara_ tions sera terminé par une table alphabétique rappelant le numéro de chaque déclaration.

35. Les demandes des assujettis à l'effet de bénéficier du régime autorisé par les deux derniers alinéas de l'article 9 du décret devront être rédigées sur papier timbré. Elles seront adressées au directeur du département du siège de l'établissement chargé de centraliser les opérations de change qui aura qualité pour donner l'autorisation. Cette autorisation ne sera accordée que si la tenue d'un répertoire centralisateur a été autorisée par le ministre des Finances. Les intéressés devront justifier de cette autorisation par la production d'un certificat émanant du service du contrôle de l'exportation des capitaux ; un simple visa apposé par ce service, à la requête des assujettis, sur leur demande, pourra d'ailleurs tenir lieu de certificat.

Le directeur notifiera sa décision, s'il y a lieu, par l'intermédiaire de ses collègues, à tous les receveurs intéressés qui devront annoter en conséquence les dossiers des succursales ou agences de leurs bureaux.

36. Les employés supérieurs auront soin, lors de leurs opérations, de vérifier la conformité des totaux des droits inscrits sur le répertoire chaque quinzaine avec le montant de l'état y afférent. Ils contrôleront par épreuves, à la fois l'exactitude des additions du répertoire et la régularité des perceptions ; ils s'assureront, également par épreuves, que toutes les opérations taxables figurent bien à la première catégorie de la première ou de la deuxième partie du répertoire. S'ils avaient des doutes sur la qualité d'assujetti de personnes ayant fait des opérations inscrites en deuxième catégorie, ils ne manqueraient pas de demander les renseignements utiles au bureau de la résidence des intéressés.

Lors de leurs vérifications dans les succursales des établissements autorisés à tenir des répertoires centralisateurs, ils créeront des bulletins de contrôle pour le bureau du siège de l'établissement centralisateur.

37. *Les contraventions à la législation sur le commerce des changes et sur l'exportation des capitaux découvertes par les agents devront faire l'objet de procès-verbaux, conformément aux prescriptions des instructions numéros* 3520 *et* 3679, *paragraphe* 1er.

38. Les droits et les pénalités figureront au sommier de comptabilité sur deux lignes distinctes inscrites après la ligne intitulée : « Total de l'impôt sur les opérations traitées dans les bourses de valeurs. »

DATE D'APPLICATION DE LA LOI

39. A défaut d'indication contraire dans la loi ou dans le décret, l'impôt est applicable à toutes les opérations passibles de la taxe conclues depuis *la mise en vigueur de la loi du* 13 *juillet* 1925.

La taxe afférente à celles de ces opérations effectuées jusqu'au 20 janvier 1926 devra donc, en principe, être versée le 10 février au plus tard ; toutefois, comme le calcul de l'impôt pourra donner lieu à un travail de revision assez long, les assujettis seront admis à ne verser pour le moment que des acomptes provisoires et il pourra leur être accordé un certain délai pour effectuer le règlement définitif des droits arriérés.

Quant aux opérations intervenues depuis le 20 janvier, elles devront faire l'objet d'états et de versements réguliers ; le premier état devra être déposé entre le 20 et le 25 février prochain pour la quinzaine qui s'est terminée le 5 février.

CHAPITRE IV

LOI DU 31 MAI 1916 RESTREIGNANT
LE DROIT D'ÉMISSION DES VALEURS MOBILIÈRES

(*Loi du 31 décembre 1920.*)

93. — La loi du 31 mai 1916 a restreint pour les sociétés françaises et étrangères l'émission, l'exportation, la mise en vente, l'introduction sur le marché en France des titres de rente, emprunts et autres effets publics des gouvernements étrangers, d'obligations ou de titres de quelque nature qu'ils soient, de villes, corporations et sociétés françaises ou étrangères.

En vertu de cette loi, il ne peut être dérogé à cette disposition que par un arrêté du ministère des Finances.

Les infractions à cette loi exposent les auteurs à un emprisonnement de six mois à un an et à une amende de 1000 à 10000 francs et, en cas de récidive, à un emprisonnement de un an à deux ans et à une amende de 10000 à 25000 francs. L'article 463 du Code pénal est applicable.

La loi du 31 décembre 1920, par son article 3, a abrogé cette restriction pour les sociétés françaises, mais elle l'a maintenue pour les villes, corporations et sociétés étrangères pour lesquelles l'interdiction est encore en vigueur.

Pratiquement, toute admission à la cote d'un titre étranger aurait dû tomber sous le coup de cette interdiction ; mais en fait, paraît-il, on tourne la difficulté en faisant figurer les *titres étrangers hors cote.* On ne peut pas dire que la loi soit respectée, mais il ne semble pas que le ministère des Finances se montre absolument hostile à cette pratique.

Combinaison avec la loi du 12 février 1924.

Actuellement, il est question d'étendre la loi qui sanctionne les atteintes au crédit de l'État et d'atteindre tout agissement qui même indirectement a pour résultat de déprécier les titres français. Ainsi serait atteinte toute propagande en vue de faire ressortir l'avantage des valeurs étrangères et notamment des valeurs d'arbitrage.

Le sort de ce nouveau projet nous paraît singulièrement incertain. La loi restreignant l'émission des valeurs étrangères, leur introduction sur le marché français peut à certains égards rendre quelques services. en limitant le nombre de titres admis sur le marché, ce qui, d'ailleurs, infailliblement, aurait pour résultat d'en faire monter les cours, après les avoir raréfiés.

94. I. *Analyse du texte de la loi du* 31 *mai* 1916. — II. *Objet de la loi.* — III. *Les valeurs auxquelles s'applique la loi.* — IV. *Les opérations visées par la loi.* — V. *Le sens à attribuer à l'émission.* — VI. *Sociétés fondées sans publicité ni appel au public.* — VII. *Régularisation d'une augmentation de capital depuis le vote de la loi du* 31 *mai.* — VIII. *Souscriptions antérieures à la loi.* — IX. *Souscriptions complétées par un syndicat en dehors de toute publicité.* — X. *Augmentation du capital par une entente avec un capitaliste en dehors de tout appel au public.* — XI. *Appel des derniers quarts.* — XII. *Émission d'obligations.* — XIII-XV. *Introduction sur le marché et mise en vente.* — XVI. *Non-rétroactivité de la loi.* — XVII. *Sanctions pénales. Mauvaise foi indispensable.* — XVIII. *Personnes punissables.*

I. — L'arsenal législatif s'est enrichi, à la date du 31 mai 1916. d'un nouveau texte, dont le titre, plus large que les deux articles qui le composent, est caractéristique. La loi se définit elle-même comme « portant restriction du droit d'émission des valeurs mobilières pendant la durée des hostilités ».

Le texte de la loi, moins compréhensif, spécifie les titres de rente, les emprunts et autres effets publics des gouvernements étrangers, les obligations et les titres, de quelque nature qu'ils soient, de villes, corporations ou sociétés françaises ou étrangères ; il déclare que l'émission, l'exposition, la mise en vente, l'introduction sur le marché en France des titres ainsi énumérés sont interdites à partir de la promulgation de la loi jusqu'à une date à fixer par décret en conseil des ministres, après la cessation des hostilités.

Toutefois, cette interdiction n'est pas absolue ; un simple arrêt du ministre des Finances pourrait la lever ; par conséquent, il y aurait des émissions autorisées et d'autres qui tombent sous le droit commun.

La violation de ces dispositions expose le délinquant à un emprisonnement de six mois à un an et à une amende de 1 000 à 10 000 francs. Bien plus, en cas de récidive, l'emprisonnement peut aller d'un an à deux ans et l'amende de 10 000 à 25 000 francs.

II. — Le but visé par le législateur a été très nettement indiqué par M. Ribot, ministre des Finances : « Au moment où il s'agit de concentrer tout l'effort du pays sur la défense nationale, il importe d'éviter les sollicitations dont les détenteurs de capitaux pourraient être l'objet de la part de certains financiers. » On a constaté, en effet, au Bulletin annexe au *Journal officiel*, réservé aux sociétés, l'annonce d'émissions projetées, dont quelques-unes portant sur des titres étrangers.

« Il faut, poursuivait le ministre des Finances, que le marché des capitaux, comme toutes les forces de la France, soit en ce moment sous le *contrôle* du Gouvernement français (*Journ. off.*, 18 mai 1916).

Il invoquait, en outre, l'exemple de l'Angleterre où, paraît-il, cette mesure n'a pas soulevé d'objections.

M. Louis Dubois, un des rares opposants au projet, a demandé à limiter la restriction à l'émission des titres étrangers. Il a invoqué la nécessité de favoriser le développement de certaines sociétés constituées, ne fût-ce qu'en vue de réparer les ruines causées par l'invasion allemande ; il a exprimé la crainte que le public ne fût induit en erreur par l'estampille du Gouvernement sur une émission qui pourrait être faite sous le patronage de l'autorisation qu'un émetteur aurait pu obtenir du ministre des Finances. La loi ne dit pas, en effet, et c'est là une lacune, si les émissions autorisées pourront se présenter comme telles au public.

Ces diverses objections n'ont pas empêché le vote presque unanime du Parlement. A la Chambre des députés, le texte de la loi n'a pas été imprimé ; le rapport, à peine déposé, a été voté et transmis au Sénat où il a fait l'objet de quelques observations intéressantes de la part de MM. Colin et Chastenet.

III. — A quelles valeurs s'applique la loi du 31 mai 1916 ?

A en lire le texte, il semble que ces valeurs sont limitativement énumérées. Il s'agit bien de titres de rente, d'emprunts et autres effets publics des gouvernements étrangers, d'obligations ou de titres, de quelque nature qu'ils soient, de villes, corporations ou sociétés françaises ou étrangères. Le parquet prenant le texte du titre de la loi qui est très large, et se fondant sur ce que le titre est voté comme la loi, entend appliquer le texte à toute espèce de valeurs mobilières. L'énumération du texte, quoique sans les nommer, y fait sûrement entrer les parts de fondateurs.

Pas de difficultés pour les titres émis par les sociétés. Mais on sait que l'émission des titres et le fractionnement du capital en parts, qui constituent la règle dans les sociétés anonymes par actions, se rencontrent sous des formes diverses, même dans les sociétés en nom collectif ou en commandite simple. Depuis un certain temps, les associations en participation et même les sociétés en nom collectif ont pris l'habitude de diviser leur capital en parts et de procéder parfois à la cession desdites parts.

La jurisprudence des tribunaux correctionnels a eu à s'occuper notamment de participations qu'elle a qualifiées de « fausses » et auxquelles elle a restitué leur véritable caractère en les qualifiant de « fausses participations ou sociétés anonymes déguisées ».

Si un fondateur, pour se soustraire à la fois à la loi de 1867 et à celle du 31 mai 1916, s'avise de fractionner son capital en parts, même nominatives, pour les céder à tout preneur qui se présentera, attiré par une publicité préalable, et créera ainsi un marché, il pourra tomber sous le coup de la loi du 31 mai 1916, comme il a pu déjà encourir les rigueur de la loi de 1867 (V. Tchernoff, *Traité de droit pénal financier*, t. I, n°ˢ 123 et suiv.); mais tout cela à condition que l'on puisse assimiler la cession de ces diverses parts à une émission, et surtout à l'émission visée par notre disposition. Nous examinerons cette question en étudiant le sens que le législateur attache au terme « émission ».

En tout cas, le texte s'appliquait aussi bien aux sociétés relevant du droit commun qu'à celles qui font l'objet d'une concession privilégiée, telle que la Banque de France ou les compagnies de chemins de fer. Ces dernières ont été nettement visées au cours de la discussion qui a précédé le vote de la loi; on a parlé notamment de l'émission à jet continu pratiquée par elles.

Plus large que le texte de la loi de 1907, la loi du 31 mai 1916 s'applique aux parts émises par les établissements publics, par les départements, communes et autres groupements de même nature. Or, comme l'émission de leurs emprunts est déjà soumise à la tutelle administrative et gouvernementale, ou même parfois législative, il faut admettre qu'un emprunt, même autorisé par les Chambres, est, en outre, soumis à l'autorisation du ministère des Finances. La loi ne visant plus les groupements et établissements français continue à s'appliquer aux groupements et établissements étrangers analogues.

La loi s'applique aux titres étrangers, aux titres émis par les sociétés étrangères, et c'est précisément pour rendre impossible une fraude que pourraient tenter des émetteurs en allant créer leurs titres dans un pays neutre, pour les placer ensuite en France, qu'on a décidé de frapper d'interdiction, non seulement l'émission, mais aussi l'exposition, la mise en vente, l'introduction sur le marché en France, de ces divers titres. En effet, il serait facile de fonder une société à l'étranger pour procéder ensuite au placement de ses titres en France.

Il résulte des travaux préparatoires que la loi du 31 mai 1916 assimile aux actions les obligations. Au Sénat, on a expressément mentionné les obligations des chemins de fer.

IV. — La loi vise les opérations suivantes : l'émission, l'exposition, la mise en vente, l'introduction sur le marché en France.

Ces différents termes ont reçu une définition, soit des textes législatifs, soit de la jurisprudence qui s'est affirmée en matière fiscale; on a rappelé à cet égard la loi du 29 juin 1872 relative à l'impôt sur le revenu des valeurs mobilières, l'article 12 de la loi du 13 avril 1898, un arrêt de la Cour de cassation du 17 janvier 1888.

Au Sénat, on a jugé utile (et l'on a très bien fait) de rappeler la loi de 1907. M. Raoul Péret a synthétisé la pensée du législateur en disant qu'en réalité « on vise tout placement des valeurs mobilières sur le marché français par une collectivité ou par son mandataire ».

L'interprétation de certains de ces termes ne rencontre pas de difficultés; nous pourrions nous contenter de transcrire la définition donnée par le rapporteur à la Chambre des députés (V. *Journ. off.*, 18 mai 1916).

« L'*exposition*, dit-il, est la mise à l'étalage de titres aux vitrines qui donnent sur la voie publique et à celles placées à l'intérieur des bureaux des banques. *La mise en souscription ou la vente* effectuée par la collectivité ou son mandataire n'est autre chose qu'une émission qui, au lieu d'être ouverte et close à dates fixes, se prolonge indéfiniment jusqu'à ce que le but poursuivi soit atteint. C'est ainsi, par exemple, que les compagnies de chemins de fer émettent des obligations nouvelles en les mettant en souscription ou en les exposant en vente dans les différentes gares de leurs réseaux... Quant à l'*introduction,* elle est le fait de l'établissement du crédit, du banquier, du professionnel en matière de ventes et achats de valeurs de bourse, qui écoule sur le marché français des titres qu'il a achetés en vue de créer sur la place un courant d'affaires sur ces valeurs ou d'*accroître celui déjà existant.* Par cela même qu'elle suppose l'idée de constituer un marché plus ou moins étendu *ou de donner plus d'importance au marché existant,* l'opération doit avoir pour objet une certaine quantité de titres. Cette quantité *ne peut être déterminée dans chaque cas particulier qu'en tenant compte des circonstances;* il est impossible de la fixer d'avance d'une manière uniforme et invariable à un certain chiffre. »

V. — Malgré leur clarté, chacun des termes de ces définitions donne lieu à de nombreuses difficultés que, malheureusement, il a été impossible d'éviter. Tout d'abord, en ce qui concerne le mot « émission », il a deux sens précis : en premier lieu, qui dit émettre veut dire, aux termes de la loi de 1867, détacher des titres d'une souche et les attribuer aux souscripteurs. L'émission d'un titre d'une société irrégulièrement constituée expose son auteur aux peines prévues par l'article 13 de la loi du 24 juillet 1867. Ce n'est pas dans ce sens que le terme « émission » est employé par la loi du 31 mai 1916.

« Émission » veut dire : placement public; par conséquent, il est parfaitement possible que, même sous l'empire de la nouvelle loi, on puisse créer une souche à titre, détacher un titre d'une souche pour l'attribuer au souscripteur ou à l'obligataire, et cela sans solliciter à cet effet une autorisation quelconque du ministre des Finances.

VI. — Au Sénat, on est allé beaucoup plus loin et l'on a très nettement affirmé, par l'organe de M. Colin, qu'il est licite, sous l'empire de la loi du 31 mai 1916, de constituer une nouvelle société, — et, par conséquent, de créer de nouvelles actions, — sans avoir obtenu préalablement l'autorisation du Gouvernement, si les fondateurs de la société, au nombre de sept, au lieu de solliciter l'épargne publique pour la constitution du capital social, se contentent de répartir entre eux les actions de la société ainsi constituée.

Le ministre des Finances, répondant à la question posée par M. Colin, a précisé en disant : « Il y a, dans le sens du mot « émission », cet élément certain : l'appel au marché, l'introduction de valeurs nouvelles sur le marché national, sous une forme quelconque. Si deux ou trois personnes se réunissent pour se partager les actions, il n'entrera dans l'idée de personne que la loi pénale ou la loi fiscale puisse être applicable » (Sénat, séance du 3o mai 1916).

Et M. Chastenet, en reprenant la parole après les ministre des Finances, a ajouté : « Il faut, n'est-il pas vrai, distinguer entre deux modes de procédés pour la création des sociétés nouvelles et également pour les emprunts par voie de création d'obligations ; on peut y procéder soit par voie de souscription entre particuliers, soit par voie d'émissions en s'adressant au public. Ne pourra-t-on plus, à l'avenir, souscrire des actions à une nouvelle société? Ne pourra-t-on pas, en d'autres termes, créer de nouvelles sociétés anonymes? Des sociétés ont besoin de capitaux, ne pourront-elles pas fournir des obligations en représentation de leurs emprunts? »

Et voici la réponse que M. Chastenet donne, d'accord avec le ministre : « Les intentions de M. le ministre ne vont pas jusqu'à de pareilles prohibitions. On pourra parfaitement, en dehors de l'appel au public, créer des sociétés ; une société existante pourra très bien donner des obligations aux banquiers ou aux persounes qui lui souscriront un emprunt. C'est le fait de recourir au marché, de s'adresser au public, qui, seul, peut tomber sous l'interdiction de la loi. »

Ainsi, une société pourra se constituer et répartir les actions entre les souscripteurs primitifs, il n'y a pas d'appel au public.

Nous estimons qu'une société pourra procéder dans les mêmes conditions à l'augmentation de son capital primitif : il ne s'agit pas, cette fois, d'une société nouvelle ; la société pourra s'adresser à un capitaliste qui consentira à souscrire la partie du capital augmentée, sauf à garder par devers lui les actions ainsi souscrites.

VII. — L'hypothèse suivante pourra se présenter : une société procède à l'augmentation de son capital, elle réunit les souscriptions nécessaires ; mais on sait qu'en matière d'augmentation de capital, deux assemblées générales sont nécessaires, l'une qui doit voter le principe de l'augmentation, l'autre qui la régularise, c'est-à-dire qui constate que le capital a été réellement souscrit et versé, et, dans l'intervalle, se produit la déclaration faite au notaire, et tout cela dans les termes des articles 1er, 2, 3 et 4 de la loi du 24 juillet 1867. Si toutes les souscriptions ont été effectuées avant le vote de la loi du 31 mai 1916, et s'il ne reste qu'à accomplir les formalités de la déclaration au notaire et qu'à réunir une nouvelle assemblée pour constater l'accomplissement des diverses formalités accompagnant l'augmentation du capital, nous estimons que la deuxième assemblée générale a pu être tenue sans l'autorisation du ministre des Finances. En effet, depuis que la fraction du capital augmenté a été souscrite, aucun nouvel engagement n'est plus sollicité du public. C'est d'ailleurs, semble-t-il, la jurisprudence de la commission des changes pour l'exportation des capitaux en vue de faire face aux engagements postérieurement souscrits.

VIII. — Il en sera de même, si toutes les souscriptions étant réunies avant la loi du 31 mai et la plupart des versements effectués, quelques souscripteurs n'ont achevé de se libérer qu'après la loi. Leur engagement de se libérer existe déjà ; s'ils peuvent être tentés d'opposer le moratorium à une demande de libération, leur engagement est irrévocable. La constitution définitive de la société dans ces conditions ou la régularisation de l'augmentation du capital doivent avoir lieu dans l'intérêt des actionnaires. Autrement, d'une part, la loi du 31 mai aboutirait à créer une espèce de moratorium en leur faveur en empêchant la société d'exiger les capitaux souscrits, un moratorium dont la limite pourra être reculée au gré du ministre des Finances, et, d'autre part, les actionnaires verront leurs obligations maintenues, leur argent immobilisé improductivement. La société une fois définitivement constituée, ils pourront se procurer des ressources à l'aide de leurs actions et ainsi contribuer à l'émission de futurs emprunts. On sait d'ailleurs que les actionnaires ayant versé ne peuvent pas se dégager de leurs obligations et redemander les sommes versées, surtout si c'est à une mesure gouvernementale qu'on doit imputer le retard dans la régularisation définitive de la société.

IX. — A notre avis, et pour la même raison, la situation serait la même dans l'hypothèse suivante : l'augmentation du capital est votée par une assemblée générale, une fraction du capital est réunie, le restant doit être fourni par un groupe de banquiers qui, *dès avant le vote de la loi du 31 mai* 1916, ont pris l'engagement de souscrire l'excédent du capital n'ayant pas été couvert par la souscription publique.

Il n'y a pas de fait nouveau de publicité ni de nouvel engagement.

X. — Nous estimons que, dans le cas où le capital n'avait pas été entièrement souscrit à la suite de l'appel au public, lancé avant la loi du 31 mai 1916, il était permis, même après le vote de cette loi, de s'adresser à un capitaliste pour lui demander de souscrire le reste. Ce capitaliste, alors qu'il n'est plus sollicité par une publicité qui s'est produite après la loi, agit exactement comme l'associé qui se rencontre avec plusieurs autres pour former une société.

L'essentiel est qu'il n'y ait pas de publicité en vue de procéder au placement des actions ainsi souscrites dans le public.

Sans doute, au cours des travaux préparatoires, et notamment à la Chambre des députés, on a entendu englober dans l'interdiction les émissions à jet continu par le système du robinet, tel qu'il est pratiqué par les chemins de fer. Mais l'exemple même prouve la différence des hypothèses. Dans le dernier cas, il n'y a aucune limite à l'émission de la valeur. A tout moment se produit à la fois une nouvelle souscription et un nouveau versement. L'engagement de souscrire et celui de verser sont postérieurs à la loi, et ils se produisent à la suite d'une nouvelle sollicitation.

Dans nos espèces, la situation est différente : le montant du capital est fixé ; ou les souscriptions sont réunies dès avant la loi, ou elles se produisent en dehors de toute publicité et ne constituent pas un placement public. L'essentiel est de veiller à ce que les titres ainsi créés ne se répandent pas dans le public. Le légistateur y a pourvu en visant d'autres opérations que l'émission.

XI. — Une question se pose : la société qui a procédé à l'appel du premier quart avant la nouvelle loi peut-elle appeler les trois autres quarts pour les actions déjà créées? L'engagement de verser les trois derniers quarts se trouve compris dans l'engagement primitif, dans la signature apposée au bas du bulletin. Admettons qu'une société, constituée avec un premier quart, ait commencé à fonctionnier, que ses affaires marchent mal, qu'un liquidateur ou un syndic soit nommé. Peut-on leur refuser le droit d'appeler les trois autres quarts pour rembourser les créanciers? Une solution négative nous paraît impossible. Ce qui ne peut pas être refusé à un syndic ou à un liquidateur doit être accordé également, à notre avis, au fondateur de la société, au conseil d'administration, à la société elle-même agissant dans son propre intérêt. Bref, il y a pas d'émission dans le fait de demander l'exécution de leur engagement aux souscripteurs d'une société.

XII. — Cette solution nous paraît d'autant plus s'imposer à l'esprit que, au cours des travaux préparatoires, il a été nettement entendu qu'une société pourrait se procurer des capitaux à l'aide d'obligations, qu'elle pourrait créer ces obligations et les remettre à un capitaliste qui lui avancerait des fonds en vue d'assurer son fonctionnement. Or, au point de vue de la loi du 31 mai 1916, il n'y a aucune différence même de forme entre l'obligation et l'action. Le danger est le même au point de vue du drainage de l'épargne nationale. Ainsi une société peut voter une émission d'obligations; mais, au lieu de faire appel au public, elle s'adresse à un capitaliste. A plus forte raison, cette solution sera-t-elle acceptable si le conseil d'administration, autorisé à émettre des obligations par tranche, en a émis une fraction avant le vote de la loi du 31 mai 1916, et ensuite, depuis le vote de cette loi, au lieu de procéder à l'appel au public, se contente de remettre à ses divers créanciers ses obligations. M. Chastenet a, en effet, prononcé au Sénat les paroles suivantes : « Une société existante pourra très bien donner des obligations aux banquiers ou aux personnes qui lui souscriront un emprunt. »

Cette latitude que nous laissons en matière d'émission provient de la différence qui existe entre l'émission dans le sens de la loi de 1867 et l'émission telle qu'elle est entendue par la loi du 31 mai 1916. Il n'y a pas d'émission dans le fait de créer un titre, de le rendre définitif, de transformer une promesse d'action en action, de détacher une obligation de sa souche; il y a émission dans le fait de faire appel au public.

Mais il ne faut pas qu'on procède à de fausses émissions pour violer la loi, et c'est là que doit se placer le contrôle du ministre des Finances, l'interprétation rigoureuse de la loi.

XIII. — Il ne faut pas, d'abord, que, sous prétexte de fonder une société en participation, on crée de prétendues parts transmissibles comme des actions et qu'on les fasse circuler dans le public. Sur ce point, les juges trouveront une jurisprudence parfaitement établie et affirmée en matière de fausses participations (V. Tchernoff, *op. cit.*, n° 123). Il ne faut pas, surtout, que ces diverses émissions servent plus tard à introduire de nouvelles valeurs sur le marché; c'est surtout l'introduction sur le marché, le placement en public qui sont visés par le législateur.

On a donné une définition très large au terme « introduction ».

On introduit une valeur, non seulement quand un établissement de crédit la fait admettre à la cote, quand un banquier procède d'une façon suivie à la vente et à l'achat de cette valeur, mais même lorsque des mesures sont prises pour accroître un courant d'affaires déjà existant. Qu'il s'agisse d'un marché restreint ou large, il y a toujours danger d'introduction d'une valeur, *même quand on prend des mesures pour accroître le marché déjà existant sur cette valeur*. Mais il faut que l'opération porte sur une certaine quantité de titres. Quelle est cette quantité? Le rapporteur s'est refusé très prudemment à la définir. « Il est impossible, dit M. Raoul Péret, de la fixer d'avance, d'une manière uniforme et invariable, à un certain chiffre. »

Il y a introduction sur le marché quand les titres qui se vendaient de la main à la main sont introduits sur le marché officiel ou le marché à coulisse.

XIII *bis*. — Il y a mise en vente quand une société ou une banque ou même une maison de commerce vend ses propres obligations au guichet; elle est soumise à l'autorisation préalable du ministre.

Il y a mise en vente d'un titre quand il est vendu aux guichets d'une banque, même sur une recommandation verbale. On peut aller jusqu'à y voir une véritable introduction au marché.

Une situation délicate peut se présenter dans une vente par voie d'adjudication, soit consécutive à un partage quand une fraction du patrimoine consiste en une valeur qui n'a pas encore de marché ou quand il s'agit de vendre les titres de certains sociétaires qui n'ont pas voulu libérer le montant de leur engagement, conformément à une clause qui figure dans presque tous les statuts des sociétés par actions.

Dans ces derniers cas, le titre est déjà créé, le but n'est pas de créer un marché; au contraire, la vente peut avoir pour résultat de compromettre le marché existant sur le titre. Mais une pareille vente peut avoir pour résultat d'absorber une fraction importante de l'épargne locale. C'est une question d'espèce qu'on résoudra d'après l'importance du lot mis en vente.

XIV. — La circulation de ces diverses valeurs sur le marché prend des formes différentes : pour les titres nominatifs, elle s'opère par voie de transfert sur un registre; pour les titres au porteur, de la main à la main; pour les titres à ordre, par le jeu même de la clause à ordre.

Peu importe qu'il s'agisse de titres nominatifs ou au porteur; on peut parfaitement bien créer un marché, introduire une valeur sans être embarrassé par la forme nominative du titre.

Cela veut dire que le transfert d'un titre unique constitue une violation de la loi du 31 mai 1916. Le rapporteur, M. Raoul Péret, ne le prétendait pas. Il faut tenir compte des circonstances et voir si, sous le manteau du transfert des titres, on n'essaye pas en réalité de tourner la loi.

Il en sera de même pour le cas où on remet des obligations à un créancier. Cette remise de titres directement à un obligataire n'est pas, à notre avis, une opération illicite; mais les titres ainsi transmis peuvent, plus tard, circuler, se répandre dans le public; là pourra se révéler l'opération incriminée que veut atteindre la loi du 31 mai 1916.

XV. — Il résulte de ces divers exemples qu'en réalité ce que vise le législateur, c'est moins la création de titres nouveaux que le placement de ces titres dans le public. Des difficultés se présenteront évidemment, malgré ces précisions. Ainsi, un actionnaire qui a libéré ses titres des trois quarts ne pourra pas être empêché de libérer intégralement ses actions, de les convertir au porteur et de les transmettre de la main à la main; mais la libération totale du montant de la souscription peut avoir pour résultat et pour but de faciliter la conversion des actions au porteur, pour ensuite favoriser l'introduction de ces titres au marché. Ici encore, c'est une question d'espèce qui est à examiner.

XVI. — Il est certain que la loi du 31 mai 1916 n'a pas d'effet rétroactif et qu'elle ne s'applique pas aux titres déjà existants : M. Chastenet, interprétant également la pensée du ministre, a été formel. Nous citons ses paroles textuellement : « En ce qui concerne les opérations énumérées par le projet de loi, M. le ministre a déclaré à la Chambre que pour toutes les valeurs existantes et faisant actuellement l'objet de négociations, pour toutes les valeurs déjà émises et introduites, elles pourraient continuer comme par le passé à être exposées, mises en vente ou négociées en bourse ou en banque. » L'interdiction ne s'applique qu'aux émissions ou introductions nouvelles. Elle ne peut avoir d'effet rétroactif, autrement les opérations même de bourse seraient devenues impossibles; mais il a été immédiatement précisé qu'en ce qui concerne les titres étrangers créés et négociés sur les marchés étrangers, quoique créés et négociés depuis longtemps dans leurs pays respectifs, ils ne pourront pas être introduits sur le marché français (V. Sénat, 3o mai 1916).

XVII. — Les sanctions prévues par l'article 2 de la loi du
3o mai 1916 impriment à ces peines un caractère purement et nettement correctionnel : il ne s'agit pas de délits-contraventions comme
ceux visés par les articles 13 et 14, alinéas 1 et 2, de la loi du
24 juillet 1856 ; par conséquent, ce ne sont pas de prétendus délits-
contraventions. La peine n'est encourue que si la mauvaise foi est
démontrée. Ce n'est pas la violation matérielle de la loi qui entraîne
automatiquement l'application de la peine, c'est l'intention faudruleuse, c'est la mauvaise foi, telle qu'elle est formulée par les délits
intentionnels (V. Tchernoff, *op. cit.*, t. I, n°s 186 et suiv.). Les circonstances atténuantes sont, d'ailleurs, applicables.

D'autre part, ce n'est pas un délit fiscal. C'est au ministère public
qu'incombe le soin d'exercer des poursuites. Les particuliers lésés par
l'inobservation des dispositions de la loi du 31 mai peuvent déposer
des plaintes et mettre en mouvement l'action publique en vertu de
l'article 63 du Code d'instruction criminelle.

XVIII. — Les personnes punissables, d'après les explications fournies par M. Raoul Péret, rapporteur à la Chambre des députés, sont
les représentants des sociétés. On a toujours parlé de sociétés et de
leurs représentants.

En fait, les sociétés comme telles échappent à des sanctions
pénales. Si des lois spéciales, comme celles relatives aux capitalisations, à certaines assurances visent les entreprises, être abstrait, la loi
du 31 mai 1916 revient au droit commun. L'amende ne frappe donc
pas la société comme personne morale, mais les administrateurs qui
qui se sont personnellement rendus coupables et qui ont agi de mauvaise foi. La théorie de la complicité semble devoir trouver son application, mais la mauvaise foi se présume moins que jamais contre le
complice. La pratique aura à se demander si le publiciste financier qui
publie une émission sans s'être assuré qu'elle a fait l'objet d'une
demande d'autorisation ou sans avoir examiné la question, ne tombe
pas sous le coup de la loi comme complice.

On sait qu'en vertu des principes du droit commun, le fait négatif
du manque de surveillance est insuffisant. Il faut signaler une tendance jurisprudentielle qui n'étend pas la théorie de la tentative à des
infractions spéciales si le texte ne la mentionne pas expressément.

En résumé, la loi du 31 mai 1916 s'applique, non pas au fait matériel de créer un titre, mais au placement en public de nouvelles valeurs ; elle vise moins la création de nouvelles sociétés, que le drainage de l'épargne par l'introduction au marché des titres qui n'y existaient pas encore ; elle atteint moins les rapports de la société et de ses souscripteurs, que les opérations de vente et d'achat, la création d'un marché nouveau qui peut en résulter.

95. — Les récentes fluctuations du franc et les inquiétudes auxquelles elles ont donné lieu semblent avoir provoqué de la part du ministère des Finances un nouvel effort législatif et surtout administratif.

Deux catégories de mesures ont été envisagées : d'abord l'application stricte des lois en vigueur relatives à l'exportation des capitaux et au répertoire de change, et ensuite le renforcement des dispositions de la loi du 12 février 1924.

Nous donnons ci-joint le texte des déclarations faites par M. Raoul Péret et reproduites par *Le Temps* à la date du 9 mai 1926 :

Le fléchissement du franc, a-t-il dit, ne peut être que momentané. En attendant les mesures d'ordre financier que nous pourrions être amenés à prendre, si ce fléchissement s'accentuait, ou si même le franc tardait trop à s'améliorer, je veux faire constater, sans faire preuve d'un optimisme exagéré, l'aisance de notre trésorerie, l'équilibre de notre budget et l'équilibre qui vient de se rétablir de notre balance commerciale. Nous ne devons donc pas nous affoler.

La crise des changes que nous subissons actuellement est uniquement provoquée par le fait que l'Angleterre se trouve dans l'obligation de vendre les francs qu'elle possède pour soutenir sa devise menacée et attaquée en raison de la grève générale. Des répercussions de ces opérations sont certes fâcheuses pour notre devise, et si nous ne pouvons y remédier complètement, nous pouvons tout au moins surveiller très étroitement le marché français et empêcher la spéculation de profiter des événements.

A cet effet, j'ai proposé et fait adopter par le conseil des ministres un certain nombre de mesures destinées à nous permettre de contrôler très étroitement les opérations de change effectuées dans notre pays ; elles ont fait l'objet d'une circulaire qui a été adressée mercredi dernier à tous les établissements bancaires. En voici les lignes générales :

1° Un contrôle rigoureux des opérations de report afin d'empêcher le plus possible les avances de francs au profit de personnes ou de sociétés résidant à l'étranger. C'est en définitive l'interdiction de tout découvert ;

2° Contrôle très étroit des opérations dites de guichet — celles dont l'importance ne dépasse pas 1 000 francs — et qui, jusqu'à présent, se faisaient librement sans justification. Conformément aux dispositions de l'article 2 de la loi du 1er août 1917, j'ai demandé aux établissemeuts de crédit d'exiger de toute personne se présentant aux guichets, pour acheter des devises étrangères, même pour une somme inférieure à 1 000 francs, la déclaration de son identité, de sa nationalité, de son domicile ou de sa résidence. De plus, les opérations en question devront être portées sur le répertoire prévu par la loi de 1918 relative à l'exportation des capitaux. Les banques devront également tenir une feuille journalière où seront inscrites en détail toutes les opérations d'achat ou de vente des devises étrangères quel qu'en soit le montant.

3° Fermeture de tous les offices clandestins de change. Déjà des exemples ont été faits.

D'autre part, les banques ne doivent pas oublier que la loi du 3 avril 1918 oblige tous les exportateurs à procéder dans un délai de trois mois au rapatriement de leurs devises étrangères. Nous allons veiller à ce que cette disposition légale soit rigoureusement appliquée. Des consignes formelles viennent d'être données pour la vérification du rapatriement des devises par les exportateurs. Je rappelle en passant que les contrevenants sont passibles des pénalités suivantes : amende minimum de 16 à 1000 francs, amende que la loi du 28 février 1921 a portée à 25 p. 100 du montant des capitaux dont l'exportation aura été réalisée ou tentée. Ces pénalités ont encore été aggravées par l'article 75 de la loi du 22 mars 1924 qui prévoit un emprisonnement de un mois à six mois.

Enfin, conclut M. Péret, nous allons intensifier l'action des chambres de commerce pour le contrôle des achats des devises par les importateurs.

Ces dispositions ont fait l'objet d'une nouvelle circulaire du ministre des Finances en date du 6 mai 1926 (V. annexe 11).

96. — Mais il en est autrement de la tentative de renforcer la loi du 12 février 1924. Il a été tout d'abord question de punir même les agissements qui ont indirectement pour résultat de provoquer la dépréciation du franc par l'achat de valeurs d'arbitrage.

Nous attendons le texte qui doit être un texte nouveau, car l'ancien est totalement insuffisant à cet égard et nous ne croyons pas, d'ailleurs, à la réalisation pratique d'une pareille menace. Elle n'aura pour résultat que de faire monter les valeurs d'arbitrage ainsi visées.

Non moins inefficace nous paraît la tentative du ministre de restreindre, à l'aide de la loi du 12 février 1924, les achats des devises étrangères.

M. Yvon Delbos avait demandé « si, en raison des dispositions législatives en vigueur permettant à tout Français de se procurer sans formalité des devises étrangères jusqu'à concurrence de 1 000 francs français, le possesseur d'une certaine quantité de dollars ou de livres sterling, provenant d'opérations de détail effectuées successivement et chaque fois, dans la limite de 1 000 francs français, est ou non susceptible d'être poursuivi pour spéculation sur le change », le ministre lui répond :

Les dispositions de l'article 2 de la loi du 3 avril 1918 dispensent seulement les personnes résidant en France, lorsque l'opération qu'elles ont en vue n'est pas supérieure à 1 000 francs, de recourir à l'intermédiaire d'une banque tenant le répertoire des changes ou de remettre à cette banque une déclaration écrite à l'appui de l'ordre d'exportation de capitaux ou d'achat de devises étrangères. En conséquence, le fait pour une personne résidant en France de se constituer un avoir en devises étrangères même par voie d'achats de détail effectués successivement et chaque fois dans la limite de la contre-valeur de 1 000 francs, constitue une irrégularité au regard de la loi du 3 avril 1918. Si, en outre, il était établi que de tels agissements ont eu pour but une spéculation à la baisse des devises nationales, ils tomberaient sous le coup de la loi du 12 février 1924,

(Le Temps, 9 mai 1926.)

Il faudrait, non pas renforcer le texte de la loi du 12 février 1924, mais le torturer et édicter un texte nouveau. La législation en vigueur ne permet pas d'étendre aux agissements signalés le texte analysé.

DIRECTION
GÉNÉRALE
de
L'ENREGISTREMENT,
DES DOMAINES
et
DU TIMBRE.

DIVISION CENTRALE

N° 3886.

INSTRUCTION

relative à l'application des articles 74 et 75 de la loi du 12 juillet 1925, qui ont institué un impôt sur les opérations de change, et du décret du 25 janvier 1926.

(*Journal officiel* du 10 février 1926.)

1. Un décret du 25 janvier 1926, publié au *Journal officiel* du lendemain (*Annexe n° I*), a déterminé, en exécution de l'article 75 de loi du 13 juillet 1925, les conditions d'application de l'impôt sur les opérations de change institué par l'article 74 de la même loi (*Instr. n° 3859*).

La présente instruction a pour but de donner au service des indications générales sur les opérations de change et leur réglementation et de préciser les règles de perception de l'impôt.

I. — Notions générales sur les opérations de change.

2. Le terme « change », pris dans une acception générale, s'applique à tout échange de monnaies; mais on donne plus particulièrement la dénomination d'opérations de change à celles qui consistent dans la conversion d'espèces nationales en monnaies étrangères, ou, réciproquement, dans la conversion d'espèces étrangères en monnaie française.

Le change peut avoir pour objet, non seulement des monnaies métalliques, mais encore des titres qui en sont la représentation : billets de banque et papiers de commerce (effets, chèques, mandats, etc.), coupons, valeurs mobilières ou même simples écritures en compte. Ces divers instruments de change, à l'exception des valeurs mobilières, se nomment, communément, « devises ».

Plus spécialement, on appelle aussi change les monnaies, devises ou valeurs étrangères destinées à être échangées contre des monnaies, devises ou valeurs françaises.

9 — TCHERNOFF. — EXPORTATION DES CAPITAUX.

Les opérations de change sont dites sur place quand l'ordre est exécuté au lieu même où il a été donné ; de place à place s'il est exécuté dans un autre endroit.

Comme les opérations de bourse, les opérations de change sont effectuées au comptant ou à terme, suivant que l'échange des monnaies ou devises est réalisé immédiatement ou, au contraire, que l'acheteur ou le vendeur jouissent d'un délai déterminé pour l'exécution de leurs engagements réciproques.

Les reports interviennent, en fait, entre l'acheteur et le vendeur primitifs seuls, et consistent dans une simple prorogation d'échéance consentie moyennant le versement d'une prime. Dans l'état actuel de la législation, une tierce personne ne peut d'ailleurs concourir à l'opération, puisque, d'après la loi du 3 avril 1918 (*Annexe n° III*), toute opération de change à titre de placement ou de spéculation se trouve interdite.

Les opérations de change diffèrent sensiblement, en général, des opérations de bourse au point de vue du rôle de l'intermédiaire. Ce dernier n'est pas un simple mandataire qui représente son client : il achète des monnais et devises en son propre nom et les revend ensuite à des particuliers ou d'autres intermédiaires.

II. — Réglementation des opérations de change.

Législation.

3. Le commerce des changes a été réglementé pour la première fois d'une manière générale par la loi du 1er août 1917 (*Instr. n° 3520*).

4. *Loi du 1er août 1917.* — Cette loi a imposé aux personnes se livrant au commerce des changes, ainsi qu'à certaines opérations assimilées aux opérations de change, l'obligation :

1° D'en faire la déclaration au bureau de l'Enregistrement de leur résidence et, s'il y a lieu, au bureau de chacune de leurs succursales ou agences ;

2° D'exiger de toute personne avec laquelle elles font des opérations la déclaration de son identité, de sa nationalité et de son domicile ;

3° D'inscrire leurs opérations sur un répertoire.

L'article 69 de la loi du 22 mars 1924 (*Annexe n° X*) a subordonné en outre l'exercice du commerce des changes à l'autorisation préalable et toujours révocable du ministère des Finances.

Bien que motivée par les événements de guerre, la loi du 1er août 1917 a un caractère permanent, et ses dispositions, modifiées par la loi du 22 mars 1924, restent en vigueur.

5. *Loi du 3 avril 1918.* — D'autre part, la loi du 3 avril 1918 (*Annexe n° III*), complétée ou modifiée par la loi du 31 mars 1922 (*Annexe n° IX*) et par les articles 72 à 76 de la loi du 22 mars 1924 (*Annexe n° X*), a prohibé en principe l'exportation de capitaux et, par voie de conséquence, l'importation de titres et valeurs mobilières.

L'article 1er de la loi du 3 avril 1918 et l'article unique de la loi du 31 mars 1922 interdisent à toute personne résidant en France, qu'elle agisse pour son propre compte et pour le compte d'un tiers :

1° De constituer hors de France, notamment par un moyen de change, un avoir quelconque pour dépôt ou placement, si l'opération implique, pour la personne qui l'effectue, ou pour le compte de laquelle elle est effectuée, un transfert quelconque de fonds ou de titres hors de France ;

2° D'expédier ou de transporter hors de France, en vue de leur réalisation ou de leurencaissement, des titres ou coupons dont la contre-valeur ne ferait pas l'objet, dans un délai de trois mois, d'une remise en France de francs ou de devises, ou, en ce qui concerne les titres, d'une introduction de titres de même valeur.

Cette prohibition ne s'applique pas à certaines opérations énumérées dans l'article 4 de la loi du 3 avril 1918 et dans la loi du 31 mars 1922.

Toute personne résidant en France qui veut acheter des devises ou monnaies étrangères ou exporter des capitaux doit, pour les opérations supérieures à 1 000 francs, recourir à l'intermédiaire d'un assujetti à la tenue du répertoire des opérations de change (*art. 2 de la loi du 3 avr. 1918, art. unique de la loi du 31 mars 1922*)[1].

L'intermédiaire, avant toute exécution d'un ordre de son client, doit exiger de ce dernier une déclaration écrite indiquant l'objet pour lequel les fonds sont envoyés hors de France, et, s'il y a lieu, une autorisation du ministre des Finances (*art. 2 de la loi du 3 avr. 1918*).

Les dispositions de la loi du 3 avril 1918 sont essentiellement temporaires. L'article 11 prévoyait en effet qu'elles resteraient en vigueur seulement jusqu'à l'expiration d'un délai de trois mois à compter de la promulgation du décret fixant la date de cessation des hostilités. Mais ce délai a été successivement prorogé, et en dernier lieu jusqu'au 31 décembre 1926 par l'article 34 de la loi du 31 décembre 1925.

---

[1] Quant aux opérations de moins de 1 000 francs, elles ne peuvent être effectuées sans l'intervention d'un assujetti que s'il s'agit d'opérations isolées (*Rapp. L. 1er août 1917, art. 1er, et Instruction du 15 juin 1918, titre I, § A*) ; il va de soi, au surplus, que les opérations de moins de 1 000 francs demeurent interdites, quelle que soit leur forme, quand elles sont faites dans un but prohibé par la loi, et notamment en vue d'un placement à l'étranger. On doit remarquer, en outre, que les opérations visées par le paragraphe 2 de l'article 1er de la loi du 3 avril 1918 doivent être faites par l'intermédiaire d'un assujetti, même quand elles sont inférieures à 1 000 francs (*L. 3 mars 1922*).

Répertoires.

6. L'article 4 de la loi du 1er août 1917 prévoyait qu'un arrêté du ministre des Finances déterminerait le modèle du répertoire des opérations de change, les indications à y porter, ainsi que les états récapitulatifs dont la remise périodique pourrait être demandée aux assujettis. Cette réglementation résulte de deux arrêtés des 4 septembre 1917 (*Instr. n° 3520*); *Annexe n° III*) et 4 avril 1918 (*Annexe n° V*), dont les dispositions sont commentées dans des instructions ministérielles des 26 septembre 1917 (*Annexe n° II*), 1er mai et 15 juin 1918 (*Annexes n°ˢ VI et VIII*).

Les assujettis doivent tenir deux répertoires : le répertoire général et le répertoire « livraison ».

7. *Répertoire général.* — Le répertoire général est divisé en trois parties, et les deux premières parties sont elles-mêmes divisées en deux catégories.

Sont inscrits à ce répertoire :

Première partie : les achats de devises étrangères effectués soit à des personnes ne tenant pas le répertoire (*1re catégorie*), soit à des personnes tenant elles-mêmes le répertoire (*2e catégorie*). Dans la première catégorie figurent les achats de devises étrangères effectués à l'étranger et dont le prix est réglé par une exportation de capitaux de France.

Deuxième partie : les ventes de devises étrangères soit à des personnes non assujetties à la tenue du répertoire et notamment aux banques ou autres personnes résidant à l'étranger (*1re catégorie*), soit à des personnes assujetties à la tenue du répertoire (*2e catégorie*).

Troisième partie : les opérations comportant ou ayant comporté une mise de francs à la disposition de l'étranger. Dans cette troisième partie sont inscrits, au moment de leur payement en France, les effets émis en francs au profit de personnes résidant à l'étranger ou les effets émis en francs ayant fait l'objet d'une négociation à l'étranger, les uns et les autres payables en francs en France.

Il faut noter qu'à la troisième partie du répertoire, d'après l'Instruction du 27 septembre 1917, figurent des opérations qui seront retranscrites à la première partie ou à la deuxième partie selon les cas lorsqu'elles constituent une modification de la situation des changes de la personne qui tient ledit répertoire.

On n'inscrit pas sur le registre les négociations de titres d'actions ou d'obligations libellés en monnaies étrangères lorsqu'elles n'ont pas d'autre but que d'effectuer en France un simple transfert de propriété, sans aucune opération de change sur l'étranger (*Loi du 1er août 1917, art. 3*). Par contre, doit y figurer toute attestation à usage de change, par la personne qui tient le répertoire, de titres de la même nature (*Arrêté du 4 sept. 1917, art. 2*).

8. *Répertoire « spécial »*. — Indépendamment du répertoire général, les assujettis doivent tenir un répertoire spécial sur lequel ils inscrivent les opérations « livraison », c'est-à-dire les opérations à terme au fur et à mesure de leur négociation.

A leur échéance, ces opérations sont annulées par une inscription pour ordre et reportées sur le répertoire général (*arrêté du 4 avr. 1918, art. 4*).

9. *Tenue des répertoires*. — Les assujettis sont autorisés à grouper sur leur répertoire certaines opérations dans les conditions suivantes déterminées par l'article 3 de l'arrêté du 4 avril 1918.

En ce qui concerne les achats :

a) S'il s'agit de numéraire, de billets de banque ou de l'encaissement de la valeur de titres étrangers ou de la valeur des dividendes, intérêts et arrérages de ces titres, ils peuvent, à la fin de chaque journée et quel qu'en soit le montant, être groupés par catégorie d'opérations et par nature de monnaies étrangères ;

b) S'il s'agit de chèques, d'effets (traites, mandats, billets, etc., quel qu'en soit l'échéance) ou d'écritures en compte, ils peuvent à la fin de chaque journée être groupés par catégorie de devises et par nature de monnaies étrangères lorsque chacune de ces devises est d'un montant inférieur à 25 000 francs et à condition que leur négociation ne constitue pour le client vendeur qu'une opération isolée.

En ce qui concerne les ventes (2ᵉ partie), ces opérations, qu'elles concernent du numéraire, des billets de banque, l'encaissement de titres ou de coupons, la négociation de chèques et d'effets (traites, mandats, billets, quelle qu'en soit l'échéance) ou des écritures en compte, peuvent à la fin de chaque journée être groupés par catégorie de devises et par nature de monnaies étrangères, à condition que chaque inscription prise isolément ne porte pas sur une valeur supérieure à 5 000 francs.

10. *Arrêtés et relevés de quinzaine*. — Le 5 et le 20 de chaque mois, les sommes inscrites aux première et deuxième parties du répertoire général et au répertoire « livraison » sont totalisées. Le 10 et le 25 de chaque mois les assujettis doivent adresser au ministère des Finances (Comité de contrôle de l'exportation des capitaux) des relevés ou extraits de leurs répertoires (*Art. 8 et 9 de l'arrêté du 4 septembre 1917*).

11. *Contraventions*. — *Communication*. — Les contraventions, tant aux lois des 1ᵉʳ août 1917 et 3 avril 1918 qu'aux lois qui les ont complétées ou modifiées, sont punies de peines correctionnelles (*Lois des 1ᵉʳ août 1917, art. 5, Instr. n° 3520; 3 avr. 1918, art. 9, Annexe n° III ; 28 févr. 1921, art. 13 et 14, Instr. n° 3679, § 1 ; 22 mars 1924, art. 70 et 73, Annexe n° VIII; 13 juill. 1925, art. 22, Instr. 3859*).

Les agents de l'Enregistrement ont été désignés pour constater ces contraventions, sauf celles qui sont prévues par la loi du 13 juillet 1925, et pour exercer le droit de communication sur les assujettis, mais avec interdiction de faire usage de ce droit de communication pour un autre motif que l'application de la législation sur le change et l'exportation des capitaux et d'utiliser les renseignements obtenus dans un but fiscal (*Loi du 3 avr. 1918, art. 5, arrêté du 4 sept. 1917*).

III. — Régime fiscal des opérations de change.

Opérations visées par la loi.

12. L'article 74 de la loi du 13 juillet 1925 soumet à une taxe de 0 fr. 10 par 1 000 francs ou fraction de 1 000 francs les « opérations de change visées à l'article 1er de la loi du 1er août 1917 » et l'article 3 du décret du 25 janvier 1926 précise que les opérations assujetties à l'impôt « sont les opérations d'achat et de vente de change contre francs réalisés en France, et inscrites au répertoire général (1re et 2e parties) [1re catégorie] dont la tenue est prescrite par l'article 2 de la loi du 1er août 1917 et par les arrêtés ministériels des 4 septembre 1917 et 4 avril 1918 ».

13. *Conditions d'exigibilité de l'impôt.* — Du rapprochement de ces deux textes, il résulte que pour qu'une opération soit susceptible d'être taxée, elle doit réunir trois conditions :

1° Elle doit constituer un achat ou une vente contre des francs de monnaies ou devises étrangères ou de valeurs libellées en monnaies étrangères ;

2° Elle doit être réalisée en France ;

3° Elle doit, sauf exception, intervenir entre deux personnes dont l'une est assujettie à la tenue du répertoire des changes et l'autre n'est pas soumise à cette obligation.

14. *Première condition.* — L'opération doit constituer un achat ou une vente contre des francs de devises étrangères ou de valeurs libellées en monnaies étrangères.

Une opération d'échange de devises étrangères contre d'autres devises étrangères ne doit donc pas être soumise à la taxe, à moins qu'elle ait été décomposée en fait en une vente et un achat, auquel cas chacune des deux opérations devrait être considérée isolément.

D'autre part, il n'y a pas lieu de taxer les opérations inscrites à la troisième partie du répertoire général.

Toutefois ces opérations peuvent, dans certains cas, constituer des opérations de change ; elles doivent alors être reportées à la première ou à la deuxième partie du répertoire, conformément aux dispositions de l'Instruction du 27 septembre 1917, § A (*Annexe n° II*), et elles sont passibles de l'impôt.

15. *Deuxième condition.* — L'opération doit, en outre, être réalisée en France.

Cette condition se trouve remplie quand le contrat est conclu en France, ou quand il est exécuté par la livraison des devises dans notre pays.

Mais, comme les opérations traitées avec les places étrangères sont souvent conclues par téléphone et exécutées par l'inscription d'un crédit de change, à un compte ouvert à l'étranger et d'un débit de francs à un compte ouvert en France, il est parfois délicat de déterminer le lieu où l'opération est réalisée. Dans cette hypothèse, on considérera, pour le moment, que l'opération est réalisée en France quand la partie qui traite avec l'assujetti réside en France et qu'au contraire, elle est réalisée à l'étranger si la partie réside à l'étranger.

16. *Troisième condition.* — L'opération doit être conclue entre deux personnes dont l'une seule est assujettie à la tenue du répertoire.

Le décret ne vise, en effet, que les opérations inscrites à la première catégorie des première et deuxième parties du répertoire, c'est-à-dire les opérations effectuées par un assujetti avec des personnes non astreintes à la tenue du répertoire.

Il en résulte que l'impôt ne frappe pas les *opérations conclues entre assujettis.* Ces opérations ne pouvant être effectuées par les assujettis que pour les besoins de leur clientèle, le décret en a fait abstraction comme si elles émanaient de simples mandataires des parties et n'a retenu comme soumises à la taxe que les transactions initiales ou finales, à condition qu'elles soient réalisées en France.

17. Toutefois, les opérations des intermédiaires ne bénéficient pas de l'immunité quand elles sont contractées par l'assujetti *pour ses propres besoins.* Aussi, l'article 3, paragraphe 2°, du décret du 25 janvier 1926 prescrit-il de les inscrire à la première partie du répertoire général. Le fait qu'un assujetti, qui a des payements ou des encaissements à faire pour ses besoins personnels ou pour ceux de son commerce, tient le répertoire, ne saurait, en effet, le dispenser du payement d'une taxe qui lui serait réclamée si, simple particulier, il avait recours à l'intermédiaire d'un assujetti.

Pour cette raison, d'ailleurs, l'impôt est exigible alors même que l'opération est réalisée à l'étranger.

18. D'autre part, la taxe n'est pas applicable aux *opérations directes entre non assujettis.*

Les opérations directes sont d'ailleurs très rares : elles sont, en effet, prohibées quand elles constituent des exportations de monnaies, valeurs ou capitaux et, dans les autres cas, elles ne sont licites que si elles sont effectuées à un titre accidentel et pour un montant ne dépassant pas 1 000 francs (*Loi du 3 avr. 1918, art. 1 et 2*).

19. *Opérations à terme.* — L'article 3, paragraphe 3°, du décret du 25 jan-

vier 1926 prescrit de reporter ces opérations au répertoire général, à la date de la livraison. Il faut entendre par là la livraison définitive qui clôt l'opération. De cette disposition découlent les deux conséquences suivantes :

1° En matière d'opérations à terme l'impôt n'est payable qu'au moment de l'exécution du contrat ; mais il ne s'agit là que d'une simple prorogation de délai ; la conclusion du marché reste le fait générateur de l'impôt et les événements postérieurs demeurent sans influence sur son exigibilité. Une opération à terme annulée ou compensée doit être reportée au répertoire général lors de l'annulation ou de la compensation. Dans ce dernier cas, chacune des deux opérations inverses est considérée isolément pour la perception de l'impôt ;

2° Les opérations intermédiaires de *reports* sont exemptes de l'impôt. Cette immunité est acquise quelle que soit la forme sous laquelle le report est traduit dans les écritures, et même s'il est décomposé en un achat au comptant et une revente à terme, ou inversement, à condition, bien entendu, qu'il ne s'agisse pas d'une opération nouvelle, c'est-à-dire que le report intervienne entre les seules parties qui ont conclu l'opération originaire, et que les modifications au contrat ne portent que sur la date d'échéance et sur le taux de la devise.

20. *Opérations effectuées par le Trésor public.* — L'État ne se payant pas d'impôt à lui-même, les opérations de change effectuées par le Trésor public sont exemptes de la taxe.

21. *Coupons et titres amortis.* — Aux termes de l'Instruction du 27 septembre 1917, les transactions sur coupons ou titres amortis libellés en plusieurs monnaies étrangères ne font l'objet que d'inscriptions pour ordre sur le répertoire des intermédiaires successifs ; ces inscriptions mentionnent seulement le nom de la personne qui a fait l'opération et la valeur globale des coupons ou titres. Seule la banque qui négocie ou encaisse à l'étranger ces coupons ou titres amortis les inscrit par nature de monnaies à son répertoire.

Cette réglementation est sans influence sur la perception de l'impôt qui est dû par toute banque qui achète des coupons ou les cède à un non-assujetti.

D'autre part, aux termes de la même Instruction, les succursales et agences des établissements de crédit, à la condition qu'elles ne cèdent jamais de coupons et de titres amortis à d'autres qu'à leur siège central, peuvent, en le mentionnant sur leur répertoire, et sans indiquer le montant, considérer les coupons et titres amortis libellés en plusieurs monnaies étrangères comme achetés ou pris à l'encaissement pour le compte du siège central. Celui-ci groupe, par succursale et par catégorie de monnaies, les coupons et titres amortis et les inscrit sur son répertoire en spécifiant la succursale qui les lui a adressés.

Les succursales et agences des banques qui emploieront ce procédé devront, dorénavant, acquitter elles-mêmes l'impôt sur les coupons qu'elles auront achetés ou encaissés et, par suite, inscrire le montant en francs de ces opérations sur leur répertoire, sauf à faire ressortir par une marque distinctive, par exemple en employant l'encre rouge, qu'elles sont récapitulées sur le répertoire du siège social, et à ne pas en comprendre le montant dans la copie destinée au Comité de contrôle de l'exportation des capitaux.

Bases de la perception.

22. L'impôt est perçu à raison de o fr. 10 par 1 000 francs ou fraction de 1 000 francs de chaque opération (art. 74 de la loi et art. 8 du décret). Il n'est pas soumis aux décimes (porté à o fr. 28, art. 41 de la loi du 4 avr. 1926).

Par analogie avec ce qui a été décidé en matière d'opérations de bourse (*Instruction n° 2848-13*), lorsque l'achat ou la vente de devises diverses ou de même nature, à des cours différents ou non, sera fait le même jour, par un même intermédiaire, à la même personne, en vertu d'un ordre unique, l'impôt pourra être liquidé sur le montant total de l'opération.

Mais, lorsqu'un intermédiaire touchera chez un assujetti des coupons qu'il aura simplement reçus à l'encaissement, sans les acheter, de ses clients ou de ses déposants, il conviendra de considérer isolément, pour le calcul de l'impôt, l'opération de chaque client, et le premier intermédiaire devra fournir au second, pour être conservé par ce dernier, un bordereau contenant les éléments du calcul.

23. La taxe est liquidée sur le montant de l'opération en francs, calculé sur le cours décompté au client, sans déduction de frais de commission ou autres. En ce qui concerne les effets, quelle que soit leur échéance, elle est perçue sur la valeur nominale sans déduction de l'escompte. Il n'y aura pas lieu non plus de déduire du montant des coupons l'impôt de 12, 18 ou 25 p. 100 dû personnellement par le porteur.

Obligation des assujettis.

24. *Déclaration d'existence.* — Les personnes qui se livrent au commerce des changes doivent en faire la déclaration préalable au bureau de l'enregistrement de leur résidence ainsi qu'à celui du siège de chacune de leurs succursales ou agences. Les articles 1 et 2 du décret précisent les indications que doivent contenir ces déclarations, qui ne peuvent être reçues si elles ne sont accompagnées de l'autorisation écrite du ministre des Finances ou d'une copie certifiée de cette autorisation.

Les assujettis étaient déjà tenus à de semblables déclarations en vertu des articles 1er de la loi du 1er août 1917 et 69 de la loi du 22 mars 1924. Ceux d'entre eux qui ont fait précédemment des déclarations en vertu de ces lois n'auront pas à les renouveler. Les nouveaux assujettis, de leur côté, ne seront soumis dans chaque bureau qu'à une seule et même déclaration qui satisfera à la fois au vœu des lois du 22 mars 1924 et du 13 juillet 1925.

Des déclarations doivent également être faites dans les mêmes formes en cas de création d'une agence ou succursale nouvelle, de changement de siège ou de cessation des opérations de l'établissement principal ou d'une agence ou succursale, ainsi qu'en cas de retrait de l'autorisation du ministre des Finances.

25. *Répertoire.* — Le décret n'a soumis les assujettis à la tenue d'aucun répertoire nouveau ; il s'est borné à modifier le répertoire actuel pour permettre le contrôle du payement de l'impôt (*Art. 3 du décret*).

A cet effet, le répertoire général doit être complété, en ce qui concerne les opérations de la 1re catégorie (1re et 2e parties), par deux colonnes supplémentaires intitulées l'une « droits perçus » et l'autre « observations ».

La première de ces colonnes doit comprendre le montant des droits perçus sur chaque opération, ou le total des droits afférents à l'ensemble des opérations qui peuvent être groupées.

26. Afin de faciliter la vérification des droits afférents aux opérations groupées, les assujettis doivent :

1° Indiquer dans la colonne « observations » le nombre des opérations excédant 1000 francs et le nombre des opérations qui ne dépassent pas 1000 francs ; et 2° pouvoir représenter des documents permettant de justifier le calcul de l'impôt (art. 4).

Il n'a pas paru possible de prescrire l'inscription détaillée, soit sur le répertoire, soit sur un registre d'une forme déterminée, des opérations susceptibles d'être groupées ; mais le décret impose aux assujettis l'obligation de conserver trace de ces opérations. Le terme « documents » est d'ailleurs assez large pour désigner les pièces ou écrits de toutes sortes en usage dans les banques (brouillards, livres de caisse, fiches, bordereaux, etc.) pourvu qu'ils soient tenus avec une clarté suffisante.

27. Les assujettis ont le droit d'utiliser simultanément autant de volumes du répertoire que l'exige l'organisation de leur service (art. 10) ; ils peuvent, en particulier, affecter chacun de ces volumes à une catégorie déterminée d'opérations (portefeuilles, effets, virements, etc.).

28. *États.* — Le 5 et le 20 de chaque mois, c'est-à-dire aux époques où ils totalisent leurs répertoires et en font des copies et extraits destinés au Service du contrôle de l'exportation des capitaux, les assujettis doivent dresser un état indiquant le montant global des droits perçus sur les opérations inscrites au répertoire général pendant la quinzaine précédente, sans qu'il soit nécessaire de mentionner le détail des opérations.

Les états sont certifiés par l'assujetti ; ils sont produits à l administration de l'Enregistrement : entre le 5 et le 10 pour la période du 5 au 20 du mois précédent, et entre le 20 et le 25 pour la période du 20 du mois précédent au 5 du mois courant.

Le dépôt des états est accompagné du montant des droits.

Il est déposé un état négatif quand le répertoire ne mentionne aucune opération sujette à la taxe depuis l'établissement du dernier état.

Dans le cas où le répertoire est établi en plusieurs volumes, l'état doit indiquer successivement le total des droits afférents à chaque volume (art. 10).

29. *Agences et succursales.* — En principe, chaque succursale ou agence d'un même établissement est astreinte, en ce qui concerne la tenue du répertoire et le dépôt des états, aux mêmes obligations que l'établissement principal. Mais les assujettis qui en font la demande peuvent être autorisés à centraliser à leur établissement principal, ou dans une agence ou succursale déterminée, les opérations de change effectuées dans certaines agences ou succursales. Dans ce cas, les opérations effectuées dans ces agences ou succursales sont inscrites sur le répertoire de l'établissement centralisateur et les droits y afférents sont compris dans les états déposés par cet établissement (art. 9).

30. *Communication.* — Les assujettis sont soumis au droit de communication dans les conditions prévues par les articles 22 de la loi du 23 août 1871 et 7 de la loi du 21 juin 1875.

Ce droit est donc absolument général ; il s'applique non seulement à toutes les parties et catégories du répertoire général, au répertoire spécial « livraison » et aux documents justificatifs de l'impôt en ce qui concerne les opérations groupées, mais à tous livres, registres, titres, pièces de recette, de dépense ou de comptabilité.

D'autre part, le droit de communication peut être utilisé non seulement pour le contrôle du nouvel impôt, mais pour la vérification de tous les impôts recouvrés par l'Administration.

31. Tout refus de communication doit être constaté par un procès-verbal.

Les répertoires et toutes les pièces soumises au droit de communication doivent être conservés pendant cinq ans (art. 12 du décret).

Le droit de communication peut s'exercer dans toutes les agences ou succursales d'un établissement assujetti, que ces agences ou succursales tiennent ou non le répertoire.

Pénalités. — Prescriptions.

32. *Pénalités.* — Toute infraction aux prescriptions tant de l'article 74 de la loi que du décret, est punie d'une amende de 100 à 5000 francs en prin-

cipal (art. 74 de la loi et art. 13 du décret), soit de 180 francs à 9 000 francs, décimes compris (*Lois des 25 juin 1920, art. 110 et 22 mars 1924, art. 3; Instr. n° 3626, § 19 et 3810, § 1*).

Ces pénalités constituent des amendes fiscales proprement dites ; elles sont indépendantes des amendes correctionnelles prononcées par les lois réglementant les opérations de change et l'exportation des capitaux, avec lesquelles elles peuvent se cumuler.

33. *Prescription.* — A défaut de disposition contraire, la nouvelle taxe ne peut se prescrire que par trente ans ; les pénalités sont, par contre, soumises à la prescription biennale établie par l'article 14 de la loi du 16 juin 1924.

Mesures de manutention et de comptabilité.

34. Pour la réception des déclarations (déclarations d'existence, de changement de siège, de création ou de suppression d'établissements annexes et de cessation des opérations), les agents se conformeront aux prescriptions en vigueur qui sont expressément maintenues.

Les receveurs compétents tant pour la réception des déclarations que pour la recette de la taxe sont ceux qui ont dans leurs attributions la perception de la taxe sur les opérations de bourse (*Instr. n° 2840, p. 24*).

Ils ouvriront au nom de chaque assujetti dont ils ont déjà reçu la déclaration par application des lois du 1er août 1917 et 22 mars 1924, ou qui leur feront cette déclaration à l'avenir, un dossier constitué à l'aide d'une des formules en usage pour les dossiers de vérifications extérieures (*n° 113 de la nomenclature annexée à l'instruction n° 2879*). Ils mentionneront sur chaque formule, en caractères très apparents, le nom de l'assujetti, sa qualité, son domicile, la date et le numéro de la déclaration d'existence souscrite par lui, enfin tous les renseignements généraux et pour ainsi dire permanents concernant les débiteurs des droits. Ils classeront dans ces dossiers les états déposés périodiquement au bureau, après les avoir émargés de la date et du numéro de la recette ou de l'enregistrement pour ordre, dans les cas où il n'y aura pas eu lieu à payement.

Les receveurs effectueront la recette des droits sur le registre à souche des opérations de bourse qui sera arrêté le 10 et le 25 de chaque mois, et délivreront quittance des droits versés. Si l'état déposé ne donne pas lieu à versement parce qu'il est négatif, ils délivreront néanmoins la formule après y avoir constaté la remise de l'extrait et le fait de l'absence de perception. La quittance des droits sera timbrée lorsqu'elle sera supérieure à 10 francs.

Les assujettis seront rangés, sans exception, parmi les redevables qui doivent être obligatoirement visités chaque année. Pour faciliter le contrôle, les dossiers seront classés dans la première catégorie des vérifications extérieures par ordre de numéros des déclarations. Enfin, en vue de rendre les recherches plus rapides, le registre des déclarations sera terminé par une table alphabétique rappelant le numéro de chaque déclaration.

35. Les demandes des assujettis à l'effet de bénéficier du régime autorisé par les deux derniers alinéas de l'article 9 du décret devront être rédigées sur papier timbré. Elles seront adressées au directeur du département du siège de l'établissement chargé de centraliser les opérations de change qui aura qualité pour donner l'autorisation. Cette autorisation ne sera accordée que si la tenue d'un répertoire centralisateur a été autorisée par le ministre des Finances. Les intéressés devront justifier de cette autorisation par la production d'un certificat émanant du Service du contrôle de l'exportation des capitaux ; un simple visa apposé par ce service, à la requête des assujettis, sur leur demande, pourra d'ailleurs tenir lieu de certificat.

Le directeur notifiera sa décision, s'il y a lieu, par l'intermédiaire de ses collègues à tous les receveurs intéressés, qui devront annoter en conséquence les dossiers des succursales ou agences de leurs bureaux.

36. Les employés supérieurs auront soin, lors de leurs opérations, de vérifier la conformité des totaux des droits inscrits sur le répertoire chaque quinzaine avec le montant de l'état y afférent. Ils contrôleront par épreuves à la fois l'exactitude des additions du répertoire et la régularité des perceptions ; ils s'assureront, également par épreuves, que toutes les opérations taxables figurent bien à la 1re catégorie de la 1re ou de la 2e partie du répertoire. S'ils avaient des doutes sur la qualité d'assujetti de personnes ayant fait des opérations inscrites en 2e catégorie, ils ne manqueraient pas de demander les renseignements utiles au bureau de la résidence des intéressés.

Lors de leurs vérifications dans les succursales des établissements autorisés à tenir des répertoires centralisateurs, ils créeront des bulletins de contrôle pour le bureau du siège de l'établissement centralisateur.

37. Les contraventions à la législation sur le commerce des changes et sur l'exportation des capitaux découvertes par les agents devront faire l'objet de procès-verbaux conformément aux prescriptions des Instructions nos 3520 et 3679, § 1er.

38. Les droits et les pénalités figureront au sommier de comptabilité sur deux lignes distinctes inscrites après la ligne intitulée « Total de l'impôt sur les opérations traitées dans les bourses de valeurs ».

Date d'application de la loi.

39. A défaut d'indication contraire dans la loi ou dans le décret, l'impôt est applicable à toutes les opérations passibles de la taxe, conclues depuis la mise en vigueur de la loi du 13 juillet 1925.

La taxe afférente à celle de ces opérations effectuées jusqu'au 20 janvier 1926 devra donc, en principe, être versée le 10 février au plus tard ; toutefois, comme le calcul de l'impôt pourra donner lieu à un travail de revision assez long, les assujettis seront admis à ne verser pour le moment que des acomptes provisoires et il pourra leur être accordé un certain délai pour effectuer le règlement définitif des droits arriérés.

Quant aux opérations intervenues depuis le 20 janvier, elles devront faire l'objet d'états et de versements réguliers : le premier état devra être déposé entre le 20 et le 25 février prochain pour la quinzaine qui s'est terminée le 5 février

Le   conseiller   d'État,
directeur général de l'Enregistrement,
des Domaines et du Timbre,

Maurice DELIGNE.

ANNEXE N° 1

DÉCRET DU 25 JANVIER 1926

relatif aux opérations de change.

(*Journal officiel* du 26 janvier 1926.)

Le Président de la République française,

Sur le rapport du ministre des Finances.

Vu les articles 74 et 75 de la loi de finances du 13 juillet 1925 ainsi conçus :

« *Art. 74.* — Les opérations de change visées à l'article 1er de la loi du 1er août 1917 sont soumises à un droit de timbre dont la quotité est fixée à 0 fr. 10 par 1000 francs ou fraction de 1000 francs, du montant de l'opération.

« *Art. 75.* — Un décret déterminera les conditions d'application de la disposition qui précède.

« Toute infraction aux dispositions de l'article 74 et à celles du décret prévu pour son exécution sera punie d'une amende de 100 à 5000 francs en principal ; »

Vu l'article 1er de la loi du 1er août 1917 et l'article 69 de la loi du 22 mars 1924.

Décrète :

ARTICLE PREMIER

Quiconque fait profession ou commerce de recueillir, acheter ou vendre, escompter, encaisser ou payer des monnaies ou devises étrangères, coupons, titres d'actions ou d'obligations négociables ou non négociables, quels que soient leur dénomination et le lieu de leur création, dont le montant ou le prix est payable à l'étranger en monnaies étrangères ou payable en France en monnaie française sur une disposition de l'étranger ou après négociation à l'étranger, est tenu de faire, avant toute opération, la déclaration de cette profession ou de ce commerce au bureau de l'enregistrement de sa résidence et, s'il y a lieu, au bureau de l'enregistrement de chacune de ses succursales ou agences effectuant des opérations de change. Cette déclaration doit être accompagnée de l'autorisation écrite du ministre des Finances, prescrite par l'article 69 de la loi du 22 mars 1924, ou d'une copie certifiée de cette autorisation.

Sont dispensées de la déclaration exigée par le présent article les personnes qui, avant la mise en vigueur du présent décret, ont souscrit la déclaration prévue par l'article 69 de la loi du 22 mars 1924 ou qui ont été dispensées de cette déclaration par application du dernier alinéa dudit article.

ART. 2.

La déclaration prescrite par l'article précédent et qui est faite au siège de l'établissement principal est signée par le chef de l'établissement ou en vertu de sa procuration. S'il s'agit d'une société, la déclaration est signée par ses représentants légaux ou en vertu de leur procuration. Elle fait connaître, s'il y a lieu, les noms des associés solidairement responsables et rappelle le titre constitutif de la société. Elle contient la désignation de chacune des agences et succursales qui effectuent à un titre quelconque des opérations de change.

La déclaration qui est faite par les agences ou succursales contient la désignation de l'établissement principal.

En cas de changement de siège, soit de l'établissement principal, soit d'une agence ou succursale, de même qu'en cas de création d'une agence ou succursale nouvelle, la déclaration préalable en est faite par les assujettis aux bureaux et dans les formes ci-dessus déterminées.

Une déclaration doit également être faite en cas de cessation des opérations, soit de l'établissement principal, soit de l'une des succursales ou agences, ou en cas de retrait de l'autorisation du ministre des Finances.

ART. 3.

Les opérations assujetties à l'impôt prévu par l'article 74 de la loi du 13 juillet 1925 sont les opérations d'achat et de vente de change contre francs réalisées en France et inscrites au répertoire général (1re et 2e partie) [1re catégorie] dont la tenue est prescrite par l'article 2 de la loi du 1er août 1917 et par les arrêtés ministériels des 4 septembre 1917 et 4 avril 1918.

Les personnes ou sociétés désignées à l'article 1er du présent décret astreintes à la tenue de ce répertoire par les textes ci-dessus visés devront :

1° Compléter le répertoire général (1re et 2e parties) [1re catégorie] :

a. Par une colonne intitulée « Droits perçus », dans laquelle elles inscriront le montant du droit afférent à chaque opération imposable ou le total des droits afférents aux opérations qu'elles sont autorisées à grouper ;

b. Par une colonne « Observations » ;

2° Inscrire au répertoire (1re et 2e partie), dans la 1re catégorie, les achats et ventes de change effectués par elles-mêmes pour leurs propres besoins ;

3° Reporter du répertoire spécial, prévu par l'article 4 de l'arrêté du 4 avril 1918, au répertoire général, à la date de la livraison, dans la même forme que les opérations au comptant et pour leur montant intégral, tous les achats et ventes traités « Livraison » sans exception d'aucune sorte.

ART. 4.

Pour les opérations dont le montant peut, en vertu de la réglementation en vigueur, être inscrit globalement au répertoire, il y aura lieu de mentionner, dans la colonne « Observations » de la 1re catégorie de la 1re ou de la 2e partie du répertoire, le nombre des opérations excédant 1 000 francs et le nombre des opérations qui n'excèdent pas 1 000 francs.

Les personnes ou sociétés désignées à l'article 3 devront pouvoir représenter aux fonctionnaires de l'enregistrement des documents permettant de justifier le calcul de l'impôt.

ART. 5.

La taxe est liquidée sur le montant de l'opération en francs, calculé sur le cours décompté au client, sans déduction des frais de commission ou autres. Elle est perçue sur la valeur nominale des effets à échéance, sans déduction de l'escompte.

ART. 6.

La perception des droits s'effectue au vu d'états déposés au bureau où a été souscrite la déclaration d'existence.

ART. 7.

Les états prévus à l'article précédent sont établis le 5 et le 20 de chaque mois. Ils sont certifiés par le débiteur et comprennent le total des droits perçus sur les opérations inscrites entre ces deux dates.

ART. 8.

Les états sont produits :

1° Entre le 5 et le 10, pour la période du 5 au 20 du mois précédent ;

2° Entre le 20 et le 25, pour la période du 20 du mois précédent au 5 du mois courant.

10 — TCHERNOFF. — EXPORTATION DES CAPITAUX.

Le dépôt des états est accompagné du montant des droits, calculés sur le pied de o fr. 10 pour 1 000 francs ou fraction de 1 000 francs du montant de chaque opération.

Il est déposé des états négatifs quand les répertoires ne mentionnent aucune opération sujette à la taxe depuis l'établissement du dernier état.

ART. 9.

Les assujettis qui possèdent, indépendamment de leur établissement principal, une ou plusieurs agences ou succursales effectuant des opérations de change, doivent y faire tenir des répertoires semblables à ceux tenus par l'établissement principal. Ces répertoires reçoivent l'inscription des opérations effectuées par l'intermédiaire de l'agence ou de la succursale.

Chaque agence ou succursale doit, en outre, effectuer aux dates indiquées à l'article 8 la production des états prévus à l'article 6, accompagnés, s'il y a lieu, du versement des droits.

Toutefois, les assujettis pourront, sur leur demande, être autorisés à centraliser, à leur établissement principal ou dans une agence ou succursale déterminée, les opérations de change effectuées dans certaines agences ou succursales.

Dans ce cas, les opérations effectuées dans ces agences ou succursales seront inscrites sur le répertoire de l'établissement centralisateur, et les droits y afférents seront compris dans les états déposés par cet établissement.

ART. 10.

Les assujettis sont autorisés à utiliser simultanément autant de volumes de répertoire que l'exige l'organisation de leur service. Dans le cas où ils font usage de cette faculté, les états prévus par l'article 6 doivent indiquer successivement le total des droits afférents à chacun des registres.

ART. 11.

Le droit de communication des fonctionnaires de l'enregistrement s'exerce dans les conditions prévues par les articles 22 de la loi du 23 août 1871 et 7 de la loi du 21 juin 1875, tant au siège de l'établissement principal que dans les agences ou succursales, sans distinction, qu'elles tiennent ou non le répertoire.

Ce droit de communication s'étend, en outre, aux répertoires des opérations de change.

ART. 12.

Les répertoires et toutes les pièces soumises au droit de communication de l'Administration doivent être conservés pendant cinq ans.

ART. 13.

Toute infraction aux dispositions du présent décret est punie d'une amende de 100 à 5000 francs en principal.

ART. 14.

Le ministre des Finances est chargé de l'exécution du présent décret, qui sera publié au *Journal officiel* et inséré au *Bulletin des lois*.

Fait à Paris, le 25 janvier 1926.

GASTON DOUMERGUE.

Par le Président de la République :

Le Ministre des Finances,
Paul DOUMER.

MINISTÈRE
DES FINANCES.

COMMISSION
des
CHANGES.

ANNEXE N° II

INSTRUCTION DU 27 SEPTEMBRE 1917

relative à la tenue du répertoire des opérations de change.

Cette instruction a pour but de préciser les principes généraux d'après lesquels le répertoire des opérations de change doit être tenu, d'en fixer quelques points de détail et d'indiquer le mode d'inscription de certaines opérations particulières.

Les solutions données aux cas d'espèces indiqués dans la présente instruction ne sont d'ailleurs que l'application de ces principes généraux ; leur adaptation aux cas similaires qui peuvent se présenter assurera une unité d'exécution indispensable pour éviter les erreurs et les doubles emplois.

A. — *Principes généraux.*

PREMIÈRE PARTIE DU RÉPERTOIRE. — Les soldes positifs, à la date du 5 octobre, doivent comprendre :

Tous les soldes créditeurs à l'étranger, tous effets, chèques et coupons étrangers en portefeuille ou en cours de route, tous titres (actions ou obligations) affectés à usage de change, les billets de banque étrangers et le numéraire étranger.

Doivent ensuite être inscrites journellement au répertoire toutes opérations venant accroître ou modifier ces moyens de change, que l'acquisition des monnaies ou devises étrangères se fassent directement ou indirectement. par exemple : achat de titres étrangers destinés à être affectés à usage de change, intérêts bonifiés sur les comptes créditeurs à l'étranger, achat de devises étrangères obtenues par une vente de francs à l'étranger, ou par une vente de titres à l'étranger, etc.

Les virements et régularisations de compte d'un montant inférieur à 1 500 francs peuvent être groupés en fin de journée, par analogie avec les dispositions de l'article 6 de l'arrêté ministériel relatives aux « petits chèques ».

Il est recommandé de ventiler, s'il y a lieu, sur le répertoire les soldes positifs en soldes disponibles immédiatement et soldes disponibles à terme.

DEUXIÈME PARTIE DU RÉPERTOIRE. — Les soldes négatifs à la date du 5 octobre doivent comprendre :

Tous les soldes débiteurs à l'étranger ;

Doivent ensuite être inscrites journellement au répertoire toutes opérations venant diminuer les moyens de change (par exemple l'achat de francs à l'étranger, la vente à l'étranger de titres compris dans les soldes positifs, c'est-à-dire affectés à usage de change, etc. -

Mêmes principes que ci-dessus pour les virements et régularisations de compte d'un montant inférieur à 1 500 francs.

TROISIÈME PARTIE DU RÉPERTOIRE. — Toute personne tenant le répertoire, dès qu'elle intervient activement ou passivement, et sous quelque forme que ce soit, dans une opération ayant comporté ou devant comporter une vente de francs à l'étranger, doit l'inscrire sur son répertoire (3ᵉ partie) en portant dans chaque colonne les renseignements demandés, tels qu'elle les possède.

Elle devra en outre et obligatoirement inscrire, à la première ou à la deuxième partie du répertoire, selon les cas, celles de ces opérations qui constituent pour elle une modification de sa situation de change.

COURS ET ÉQUIVALENT EN FRANCS. — Les tableaux modèles nᵒˢ 1, 2, 4 et 5 prévoient l'indication des cours, auxquels sont décomptées les monnaies étrangères et l'équivalence de celles-ci en francs.

1° En ce qui concerne les tableaux n°ˢ 1 et 2, les cours doivent être indiqués, avec leur équivalent en francs, pour toutes les opérations inscrites journellement.

Aucune indication de cours et d'équivalence en francs n'est exigée pour les totalisations des première et deuxième parties, en fin de quinzaine.

Toutefois les soldes positifs d'une part et négatifs d'autre part, reportés au début de chaque quinzaine, devront faire ressortir leur équivalence globale en francs, en concordance avec les livres de comptabilité à la même date, comme il est dit ci-après.

2° En ce qui concerne les tableaux n°ˢ 4 et 5, il résulte de leur forme même qu'aucune indication de cours n'est exigible.

Quant à l'équivalence en francs, elle ne doit être indiquée, ainsi qu'il est dit à l'alinéa 1° ci-dessus, que pour la contre-valeur globale réelle des soldes positifs et des soldes négatifs respectivement, tels qu'ils ressortiront des livres de comptabilité, les 5 et 20 de chaque mois.

B. — Dispositions particulières.

TITRES NÉGOCIÉS A L'ÉTRANGER. — Les négociations de titres à l'étranger ne doivent faire l'objet d'une mention sur le répertoire qu'après réception de l'avis d'exécution.

Cette inscription incombe, en principe, exclusivement à la banque qui a traité effectivement sur le marché étranger, que la négociation ait été effectuée pour son propre compte ou pour le compte d'un tiers. Toutefois, si ce tiers est astreint à la tenue du répertoire et si la négociation se liquide pour lui en monnaie étrangère et vient ainsi modifier sa situation de change, il est tenu également de l'inscrire sur son répertoire.

La vente de titres compris dans les soldes positifs constitue une vente de monnaie étrangère si le vendeur dispose en francs de la contre-valeur des titres. Dans le cas contraire, cette vente ne constitue qu'une modification dans la spécification des moyens de change.

L'achat de titres destinés à être affectés à usage de change constitue un achat de monnaie étrangère, si la contre-valeur en est réglée en francs. Dans le cas contraire, cet achat ne constitue qu'une modification dans la spécification des moyens de change.

ACHATS ET VENTES DE DEVISES ÉTRANGÈRES DÉCOMPTÉS DANS UNE AUTRE MONNAIE ÉTRANGÈRE. — En plus de l'inscription sur le répertoire des opérations d'achat ou de vente proprement dites, il y a lieu d'inscrire également l'opération qui en est la contre-partie.

Par exemple : un versement de Londres sur Amsterdam implique la vente de livres, en même temps qu'un achat de florins ; l'achat de piastres argentines sur le marché de Londres figurera sur le répertoire par deux opérations : achat de piastres et vente de livres.

Opération de change traitées « livraison ». — Ces opérations ne doivent, rationnellement, être portées sur le répertoire que lorsqu'elles arrivent à échéance.

Traites a l'encaissement. — Ces traites ne doivent être portées au répertoire qu'après réception de l'avis d'encaissement.

Traites tirées sur l'étranger en francs français. — Si elles sont couvertes en francs, aucune inscription à porter sur le répertoire par le tireur ou le bénéficiaire d'endos.

Si elles sont couvertes ou converties en monnaies étrangères, elles doivent être portées après encaissement sur le répertoire (1re partie) par le tireur ou le bénéficiaire d'endos.

Comptes a l'étranger établis en francs français. — Les soldes de ces comptes ne doivent pas, en principe, être inscrits sur le répertoire, mais les opérations de change, effectuées au moyen de ces comptes ou résultant de leur fonctionnement, doivent être inscrites sur le répertoire, notamment en ce qui concerne les ventes de francs auxquelles le mouvement de ces comptes peut donner lieu.

Coupons et titres amortis étrangers. — 1° Tout intermédiaire, du fait qu'il négocie ou encaisse pour le compte de sa clientèle des coupons et titres amortis étrangers, même s'il ne traite jamais directement avec l'étranger, est soumis aux dispositions de la loi du 1er août 1917. Il doit, en conséquence, tenir le répertoire des opérations de change dans les conditions prescrites par l'arrêté ministériel du 4 septembre ;

2° Les opérations portant sur l'encaissement de la valeur des titres étrangers, de la valeur des dividendes et intérêts et arrérages de ces titres (art. 3 de la loi du 1er août 1917) peuvent être groupées en fin de journée (art. 6 de l'arrêté ministériel) pour être portées, par nature de monnaie et sans indication de noms de clients, à la première partie du répertoire, en ce qui concerne l'achat aux clients ou le détachement des coupons pour les titres en garde et en portefeuille ;

3° Les transactions sur coupons et titres amortis libellés en plusieurs monnaies étrangères, jusqu'à ce que lesdits coupons et titres soient parvenus entre les mains de la banque qui les négociera à l'étranger, ne feront l'objet, pour les intermédiaires successifs, que d'une inscription pour ordre sur leur répertoire (1re et 2e partie). Cette inscription devra simplement mentionner, sans aucune indication de monnaie étrangère et de cours, le nom de la personne à laquelle les coupons et titres sont cédés, ainsi que la valeur globale en francs de ces coupons et titres ; la valeur en francs sera portée dans la colonne « équivalent en francs » de la première ou deuxième catégorie de la première partie, selon que les cédants sont ou non astreints à la tenue du répertoire.

La banque qui négociera ou encaissera à l'étranger ces coupons et titres amortis devra seule les inscrire par nature de monnaie à la première partie, puis, s'il y a lieu, à la deuxième partie de son répertoire.

Les succursales et agences des établissements de crédit, à la condition qu'elles ne cèdent jamais de coupons et de titres amortis à d'autres qu'à leur siège central, peuvent, en le mentionnant sur leur répertoire et sans indiquer de montant, considérer les coupons et titres amortis libellés en plusieurs monnaies étrangères comme achetés ou pris à l'encaissement pour compte de leur siège central. Celui-ci, seul, groupera par succursale et par catégorie de monnaie les coupons et titres amortis et les inscrira sur son répertoire en spécifiant la succursale qui les lui aura adressés ;

4° Les opérations sur les coupons et titres étrangers amortis libellés :

a. En francs français ;

b. En francs français et en monnaies étrangères, mais payables en francs à un change fixe, et dont le payement est domicilié en France auprès de banques officiellement désignées pour ce service, sont exemptées de l'inscription sur le répertoire pour les intermédiaires qui remettent directement lesdits coupons et titres à ces banques.

Celles-ci seules sont alors tenues de les porter sur leur répertoire dans la mesure où l'encaissement de ces coupons et titres fournit un moyen de change ;

5° Les coupons payables à l'étranger et provenant de correspondants étrangers doivent être inscrits sur le répertoire , même si les correspondants étrangers en sont crédités en francs.

Paris, le 27 septembre 1917.

ANNEXE N° III

LOI DU 3 AVRIL 1918

réglementant l'exportation des capitaux et l'importation des titres et valeurs mobilières et portant ouverture d'un crédit pour le service chargé d'assurer le contrôle de cette réglementation.

(Journal officiel du 4 avril 1918.)

Le Sénat et la Chambre des députés ont adopté,

Le Président de la République promulgue la loi dont la teneur suit :

TITRE PREMIER
Exportation des capitaux.

ARTICLE PREMIER.

Sauf autorisation écrite du ministre des Finances, et sous réserve des dispositions de l'article 4, il est interdit à toute personne résidant en France, qu'elle agisse pour son propre compte ou pour le compte de tiers :

1° De constituer hors de France, par un moyen quelconque de crédit ou de change, à son profit ou au profit de tous tiers, un avoir en titres ou en fonds, pour dépôt ou placement, y souscrire à une émission, consentir un prêt à une personne résidant hors de France, acheter hors de France tous titres, biens ou produits quelconques, si l'opération implique, pour la personne qui l'effectue ou pour le compte de laquelle elle est effectuée, un transfert quelconque de fonds ou de titres hors de France ;

2° D'expédier hors de France, en vue de leur réalisation, par l'entremise d'une personne résidant hors de France, des titres dont la contre-valeur ne ferait pas l'objet d'une remise en francs, ou donnerait lieu à un crédit en monnaie étrangère dont l'emploi ne serait pas conforme aux dispositions de la présente loi.

ART. 2.

Une personne résidant en France, même après avoir reçu, s'il y a lieu, toutes autorisations utiles du ministre des Finances, ne peut, si l'opération qu'elle a en vue d'un montant supérieur à 1000 francs, acheter ou se procurer, directement ou indirectement, des devises ou monnaies étrangères, envoyer ou transférer hors de France des monnaies, valeurs ou titres, mettre des francs à la disposition d'une personne résidant hors de France (par chèque, tirages ou effets, par voie de virement ou d'ouverture de crédits), mettre en France des titres à la disposition d'une personne résidant hors de France, que par l'intermédiaire d'une personne astreinte à la tenue du répertoire des opérations de change.

Avant toute exécution d'ordre de cette nature, l'intermédiaire exigera de son client une déclaration écrite indiquant l'objet pour lequel les fonds ou titres sont envoyés hors de France ou mis en France à la disposition d'une personne résidant hors de France.

Les déclarations et, s'il y a lieu, les autorisations du ministre des Finances, seront conservées par l'intermédiaire qui les tiendra à la disposition des agents dont il est question à l'article 5.

A l'appui de toute déclaration d'achat de marchandises hors de France, l'importateur devra fournir une licence d'importation et en faire mention dans ladite déclaration, ou mentionner expressément, sous sa responsabilité, dans sa déclaration écrite, qu'il s'agit de marchandises dont l'importation est libre.

Cette licence sera visée par l'intermédiaire, qui apposera sur ladite pièce un timbre à date et y indiquera la nature et le montant du règlement pour lequel il est intervenu.

Art. 3.

Par les mots « personne résidant en France », il faut entendre, pour l'application de la présente loi, non seulement les particuliers résidant en France, mais encore toutes sociétés françaises ou étrangères, pour ceux de leurs établissements qui fonctionnent en France.

Par les mots « personne résidant hors de France », il faut entendre, pour l'application de la présente loi, non seulement les particuliers résidant hors de France, mais encore toutes sociétés françaises ou étrangères, pour ceux de leurs établissements qui fonctionnent hors de France.

ART. 4.

La prohibition édictée par l'article 1er de la présente loi ne s'applique pas :

1° Aux fonds et aux titres que les particuliers et les sociétés résidant ou fonctionnant hors de France ont ou pourront avoir en France ;

2° Aux fonds qui seraient envoyés dans les colonies françaises et les pays de protectorat pour y être utilisés sur place dans l'agriculture, le commerce et l'industrie ;

3° Au règlement des produits, denrées ou marchandises destinés à être importés, dans un délai maximum de six mois, en France, dans les colonies ou les pays de protectorat, conformément aux lois et règlements en vigueur.

ART. 5.

Les déclarations visées à l'article 2, ainsi que les autorisations éventuelles du Ministre des Finances, devront être communiquées à toute réquisition aux agents désignés à cet effet par le ministre des Finances.

Les personnes ou sociétés qui tiennent le répertoire des opérations de change devront, pour les opérations qu'elles ont effectuées pour leur propre compte, fournir à ces agents, qui en feraient la demande, des déclarations analogues, ainsi que les autorisations du ministre des Finances, s'il y a lieu.

Il ne pourra en aucun cas être fait usage, pour un motif autre que l'application de la présente loi, des déclarations et autorisations ci-dessus, ainsi que de tous autres documents dont la communication aura été demandée par ces agents au cours d'enquête concernant les opérations visées par ladite loi.

TITRE II

Importation des titres et valeurs mobilières.

ART. 6.

L'importation en France de tous titres (actions, obligations ou bons) et en général de toutes valeurs représentant, directement ou indirectement, une part de propriété ou une créance est interdite.

La création en France d'un certificat conférant à son porteur un droit sur des biens ou des valeurs existant à l'étranger est assimilée à l'importation prohibée au paragraphe précédent.

ART. 7.

Sont exceptés de la prohibition édictée par l'article précédent :

1° Les valeurs émises depuis le début des hostilités par l'État français ;

2° Les titres échus remboursables en France et les coupons payables en France ;

3° Les titres dont la personne qui en poursuit l'introduction en France était propriétaire avant la promulgation de la présente loi ou en est devenue propriétaire par succession depuis cette date ;

4° Les titres achetés ou souscrits en France depuis le début des hostilités ;

5° Les titres pour lesquels une autorisation générale ou spéciale aura été accordée par le ministre des Finances.

TITRE III

Dispositions communes.

ART. 8.

Les contraventions aux prescriptions des articles qui précèdent seront constatées par des procès-verbaux dressés par les agents dont la désignation est prévue à l'article 5.

Ces agents auront le droit de demander à tous les services publics d'exercer en vue de leur fournir tous les renseignements qui leur seront nécessaires les droits de communication autorisés par les lois existantes.

ART. 9.

Les infractions aux dispositions des articles 1er et 2, toute tentative en vue de les commettre, ainsi que les déclarations ou justifications prévues à l'article 2 qui auront été reconnues fausses ou incomplètes, seront passibles d'une amende qui ne pourra être supérieure à 25 p. 100 du montant de la somme ou de la valeur des titres dont l'exportation aura été réalisée ou tentée, sans qu'en aucun cas l'amende puisse être inférieure à 16 francs.

Les infractions aux dispositions de l'article 6 et toute tentative en vue de les commettre seront passibles de la même amende, calculée sur la valeur effective des titres dont l'importation aura été effectuée ou tentée.

En cas de récidive, cette amende sera doublée.

Les dispositions de l'article 463 du Code pénal sont applicables aux délits prévus par la présente loi,

ART. 10.

Un arrêté du ministre des Finances indiquera, s'il y a lieu, le ou les délégués qui pourront, en son nom, signer les autorisations prévues aux articles 1er et 7, et déterminera les conditions dans lesquelles fonctionneront les services destinés à assurer l'application de la présente loi.

ART. 11.

Les dispositions de la présente loi resteront en vigueur jusqu'à l'expiration d'un délai de trois mois à compter de la promulgation du décret qui fixera la date de la cessation des hostilités.

ART. 12.

Il est ouvert au ministre des Finances, sur l'exercice 1918, en addition aux crédits provisoires alloués par la loi du 31 décembre 1917 pour les dépenses du budget ordinaire des services civils, un crédit de 50000 francs, savoir :

CHAP. 55. — Commission des changes. — Personnel, 45000 francs.
CHAP. 56. — Commission des changes. — Matériel, 5000 francs.

ART. 13.

La présente loi est applicable en Algérie.

A partir du moment où des dispositions analogues auront été rendues exécutoires dans les pays de protectorat de l'Afrique du Nord, le territoire de ces pays sera, comme celui de l'Algérie, assimilé à celui de la métropole pour l'application de la présente loi.

ART. 14.

Le ministre des Finances adressera trimestriellement au Président de la République un rapport qui sera communiqué aux commissions financières des deux Chambres, sur l'exécution de la présente loi.

La présente loi, délibérée et adoptée par le Sénat et par la Chambre des députés, sera exécutée comme loi de l'État.

Fait à Paris, le 3 avril 1918.

R. POINCARÉ.

Par le Président de la République :

Le ministre des Finances,

L.-L. KLOTZ.

ANNEXE N° IV

ARRÊTÉ MINISTÉRIEL DU 4 AVRIL 1918

fixant les conditions d'application de la loi du 3 avril 1918, réglementant l'exportation des capitaux et l'importation des titres et valeurs mobilières.

(*Journal officiel* du 5 avril 1918.)

LE MINISTRE DES FINANCES,

Vu les articles 1, 5, 7, 8 et 10 de la loi du 3 avril 1918, réglementant l'exportation et l'importation des titres et des valeurs mobilières ;

Vu l'arrêté ministériel du 4 septembre 1917 concernant les agents désignés pour requérir la communication des registres dont la tenue est prescrite par la loi du 1er août 1917 instituant le répertoire des opérations de change.

ARRÊTE :

ARTICLE PREMIER.

Le comité exécutif de la Commission des changes, instituée par arrêté du 6 juillet 1917, est désigné pour instruire les demandes de dérogations à la loi du 3 avril 1918, accepter ou rejeter ces demandes.

Le président de la Commission des changes ou, à son défaut, un membre du comité exécutif de cette Commission, est délégué pour signer, au nom du ministre, les autorisations qui seraient accordées en exécution des articles 1er et 7 de ladite loi.

ART. 2.

Les demandes de dérogations, avec motifs à l'appui, devront être formulées par écrit et adressées au ministre des Finances, sous le timbre de la Commission des changes. Lorsque ces demandes auront fait l'objet d'une démarche verbale ou téléphonique auprès du secrétariat de la Commission des changes, elles devront être confirmées par lettre.

ART. 3.

Sont désignés pour exercer le droit de communication prévu aux articles 5 et 8 de la loi du 3 avril 1918 et constater les contraventions conformément audit article 8 :

1° Les agents de l'administration de l'Enregistrement et de l'administration des Douanes ;

2° Les agents spéciaux qui seront munis d'une lettre de service signée par le ministre des Finances.

Fait à Paris, le 4 avril 1918.

L-L. KLOTZ.

ANNEXE N° V

ARRÊTÉ MINISTÉRIEL DU 4 AVRIL 1918

relatif au répertoire des opérations de change.

(*Journal officiel* du 5 avril 1918.)

LE MINISTRE DES FINANCES,

Vu l'article 4 de la loi du 1er août 1917 et l'arrêté du 4 septembre 1917,

ARRÊTE :

ARTICLE PREMIER.

L'article 4 de l'arrêté du 4 septembre 1917 est remplacé par les dispositions suivantes :

« La troisième partie du répertoire reçoit les inscriptions suivantes, quel qu'en soit le montant :

1º Tous chèques et effets (traites, mandats, billets, etc., quelle qu'en soit l'échéance) créés en France et présentés en France à l'encaissement, après avoir été négociés à l'étranger ;

2º Tous chèques et effets (traites, mandats, billets, etc., quelle qu'en soit l'échéance) tirés de l'étranger sur la France ;

3º Tous versements ou virements en francs sur ordre de l'étranger ou en faveur de l'étranger.

— Les opérations d'un montant inférieur à 5 000 francs peuvent, à la fin de chaque journée, être groupées, par nature d'opérations, pour chaque pays d'où proviennent les effets ou pour le compte duquel les opérations sont effectuées.

Les effets documentaires peuvent être groupés, quel qu'en soit le montant, par journée et par pays.

Ne devront mentionner ces opérations, à la troisième partie de leur répertoire, en se conformant aux indications du tableau annexé à l'arrêté ministériel du 4 septembre et modifié comme il est dit ci-après, que les personnes ci-dessous astreintes à la tenue du répertoire :

1º Le tiré pour les opérations indiquées au nº 1 ci-dessus, ou, si le tiré n'est pas astreint au répertoire, le dernier porteur en France, astreint au répertoire, de l'effet après sa négociation à l'étranger ;

2º Le tiré, pour les opérations visées au nº 2 ci-dessus, ou si le tiré n'est pas astreint au répertoire, le dernier porteur en France astreint au répertoire, de l'effet tiré de l'étranger ;

3º La personne qui tient le compte à débiter, en ce qui concerne les opérations désignées au nº 3.

Les opérations inscrites à la troisième partie du répertoire devront être totalisées à la fin de chaque quinzaine. '

ART. 2

Les libellés du registre nº 3 (troisième partie) sont modifiés comme suit :

En-têtes : *a.* « opérations comportant ou ayant comporté une vente de francs à l'étranger » au lieu de « opérations ayant ou devant comporter une vente de francs à l'étranger ».

b. « sommes en francs payées contre effet venant de ou en faveur de » au lieu de « sommes en francs payées contre effet venant de ».

3º colonne : » nature de l'opération (indiquer notamment le nº sous lequel est désignée ci-dessous l'opération dont il s'agit) » au lieu de « nature de l'opération ».

NOTA : ancien 1 supprimé.

Ancien 2 (actuellement 1) : « s'il s'agit d'un chèque ou d'un effet, traite, mandat, billet, etc. (quels qu'en soient le montant et l'échéance) créé en France et payable en France, après avoir été négocié à l'étranger » au lieu de « s'il s'agit d'un chèque français payable en France et ayant été négocié à l'étranger ».

Ancien 3 (actuellement 2) : « s'il s'agit d'un chèque ou d'un effet (traite, mandat, billet, etc., quels qu'en soient le montant et l'échéance), tiré de l'étanger » au lieu de « s'il s'agit d'un chèque égal ou supérieur à 10000 francs tiré de l'étranger ».

Ancien 4 (actuellement 3) : « s'il s'agit d'un versement ou virement, quel qu'en soit le montant, sur ordre de l'étranger ou en faveur de l'étranger », « montant » au lieu de « s'il s'agit d'un versement égal ou supérieur à 10000 francs sur ordre de l'étranger ».

ART. 3.

L'article 6 de l'arrêté du 4 septembre est remplacé par les dispositions suivantes :

Les opérations de la première partie :

a. S'il s'agit de numéraire, de billets de banque, ou de l'encaissement de valeurs de titres étrangers ou de la valeur des dividendes, intérêts et arrérages de ces titres, peuvent à la fin de chaque journée, et quel qu'en soit le montant, être groupées par catégorie d'opérations et par nature de monnaies étrangères.

b. S'il s'agit de chèques, d'effets (traites, mandats, billets, etc., quelle qu'en soit l'échéance) ou d'écritures en compte, peuvent, à la fin de chaque journée, être groupées par catégorie de devises et par nature de monnaies étrangères, lorsque chacune de ces devises est d'un montant inférieur à 25000 francs et à condition que leur négociation ne constitue, pour le client vendeur, qu'une opération isolée.

Les opérations de la deuxième partie, qu'elles concernent du numéraire, des billets de banque, l'encaissement de titres ou de coupons, la négociation de chèques et d'effets (traites, mandats, billets, etc., quelle qu'en soit l'échéance), ou des écritures en compte, peuvent, à la fin de chaque journée, être groupées par catégories de devises et par nature de monnaies étrangères, à condition que chaque inscription, prise isolément, ne porte pas sur une valeur supérieure à 5000 francs.

Les effets à échéance doivent être portés pour leur valeur nominale sans déduction de l'escompte.

ART. 4.

Un répertoire spécial sera tenu pour les opérations de change traitées « livraison » qui seront inscrites au fur et à mesure de leur négociation.

A leur échéance, ces opérations seront annulées par une inscription pour ordre et reportées sur le répertoire général. Elles seront alors comprises dans les soldes du répertoire général.

Un extrait de ce répertoire spécial, qui sera arrêté les 5 et 20 de chaque mois, sera envoyé au ministre des Finances (Commission des changes) les 10 et 25 de chaque mois, en même temps que les copies du répertoire général.

ART. 5.

Sont nulles et non avenues toutes dispositions ou instructions précédentes contraires aux dispositions du présent arrêté, qui entrera en vigueur à partir du 20 avril 1918.

Fait à Paris, le 4 avril 1918.

L.-L. KLOTZ.

ANNEXE Nᵒ VI

INSTRUCTION SPÉCIALE DU 1ᵉʳ MAI 1918

relative aux chèques ou effets créés de France sur France
et négociés à l'étranger
et aux chèques et effets tirés de l'étranger sur France.

S'il s'agit d'une opération d'un montant supérieur à 1 000 francs, aucun envoi ou transfert de fonds à l'étranger, aucune mise de fonds à la disposition de l'étranger ne peuvent, en vertu de l'article 2 de la loi du 3 avril 1918, être effectués par une personne résidant en France, que par l'intermédiaire d'une banque qui tient le répertoire des opérations de change.

Il en résulte qu'aucun chèque créé en France sur France ne peut être envoyé à l'étranger que si ledit chèque est tiré sur une banque qui tient le répertoire des opérations de change, et seulement après que la personne, tireur ou endosseur, qui négocie ce chèque à l'étranger, aura justifié auprès de la banque le but de ce transfert de fonds à l'étranger.

Mêmes dispositions en ce qui concerne les effets créés de France sur France.

Une personne ou société résidant ou fonctionnant en France ne peut autoriser une personne ou société résidant ou fonctionnant hors de France à disposer sur elle par chèque ou effet, que si le payement dudit chèque est domicilié auprès d'une banque qui tient le répertoire des opérations de change, et à laquelle, avant la domiciliation, toutes justifications utiles devront avoir été fournies. En ce qui concerne les achats à l'étranger de marchandises exportées dans d'autres pays étrangers, une autorisation spéciale du ministre des Finances est nécessaire. Quant aux achats à l'étranger de marchandises exportées ou à exporter dans les six mois dans les colonies françaises ou pays de protectorat, il suffit d'exiger une déclaration écrite certifiant le but du transfert de fonds, avec communication des factures pour visa et estampillage et, s'il y a lieu, l'autorisation d'importation.

Par suite, tout chèque négocié à l'étranger, tiré sur une banque, de même que tout chèque ou effet tiré de l'étranger sur des sociétés ou des particuliers, mais domicilié auprès d'une banque, doit être considéré comme régulier par la banque chargée de l'encaisser.

Une banque chargée de l'encaissements de chèques ou d'effets créés de France sur France, non tirés sur une banque et qui ont été négociés à l'étranger, doit en encaisser le montant et en créditer le donneur d'ordre. Elle n'a aucune justification à demander au tiré, mais, pour se couvrir, signalera sur le répertoire des opérations de change que le chèque ou effet, — qui sera inscrit séparément de toute autre opération de la journée, — a été irrégulièrement créé (indication du nom et de l'adresse du tiré, du nom et de l'adresse de l'endosseur en faveur de l'étranger).

Il en sera de même en ce qui concerne les chèques ou effets tirés de l'étranger sur des sociétés ou des particuliers fonctionnant ou résidant en France et non domiciliés dans une banque.

En raison des mêmes principes, une banque, sur laquelle un chèque, négocié à l'étranger, a été tiré sans justification préalable, doit le payer si elle a provision, mais le signalera, comme il est dit ci-dessus, sur le répertoire des opérations de change. Elle agira de même pour des chèques ou effets domiciliés à ses caisses pour le compte de tiers, qui ne lui auraient pas fourni au préalable toutes justifications utiles.

Il convient d'ajouter que les effets, billets, traites et chèques, créés avant le 4 avril 1918, ne sont pas visés par la loi réglementant l'exportation des capitaux.

D'autre part, lorsqu'une banque reçoit de l'étranger des documents à délivrer contre payement d'un effet libellé en monnaie étrangère, elle n'a aucune justification à demander au tiré si le règlement a lieu en chèque ou effet payable en la monnaie étrangère. C'est à la banque qui délivre le chèque ou l'effet qui sera remis en payement à exiger, lors de la cession du chèque ou de l'effet, toutes justifications utiles. Si la banque qui a reçu les documents encaisse la contre-valeur en francs au cours du jour, elle doit exiger la déclaration prescrite par la loi.

Paris, le 1ᵉʳ mai 1918.

ANNEXE N° VII

INSTRUCTION DU 15 JUIN 1918

relative à l'application, par les banques tenant le répertoire des opérations de change, de la loi du 3 avril 1918, « réglementant l'exportation des capitaux et l'importation des titres et valeurs mobilières ».

BUT ET MÉCANISME DE LA LOI

La loi du 3 avril 1918, en soumettant à une réglementation l'exportation des capitaux, fonds ou titres, et, par voie de conséquence, l'importation des titres et valeurs mobilières, a eu pour objet d'empêcher l'émigration des capitaux motivée, soit par une spéculation sur le change, soit par des dépôts, des placements à l'étranger, soit par des achats de marchandises en vue de constituer des stocks.

Le mécanisme de la loi est basé :

1° Sur la tenue du répertoire des opérations de change institué par la loi du 1er août 1917 et réglementé par les arrêtés ministériels des 4 septembre 1917 et 4 avril 1918 ;

2° Sur l'obligation pour les particuliers, quand il s'agit d'opérations dont le règlement exige un transfert de fonds supérieur à 1 000 francs, de recourir aux banques tenant le répertoire des opérations de change et de fournir à ces banques une déclaration écrite précisant l'objet pour lequel les fonds ou titres sont envoyés à l'étranger.

Afin d'éviter toute interprétation erronée de la loi du 3 avril 1918, le Comité exécutif de la Commission des changes chargé, par arrêté ministériel en date du 4 avril 1918, de l'application de ladite loi, croit devoir préciser les points suivants :

TITRE PREMIER

EXPORTATION DE CAPITAUX ET DE TITRES

A. — *Principes généraux.*

D'après l'article 2 de la loi, *toute personne résidant* en France ne peut acheter des monnaies ou devises étrangères ou transférer hors de France des fonds, valeurs ou titres, pour un montant supérieur à 1 000 francs, sans recourir à l'intermédiaire d'un banquier qui tient le répertoire des opérations de change.

Est assimilée à un achat de devises étrangères, la mise à la disposition d'une personne résidant hors de France de sommes en francs, sous quelque forme que ce soit.

Le banquier doit, *dans tous les cas*, sauf s'il s'agit d'une opération isolée d'un montant maximum de 1 000 francs, exiger de son client une déclaration écrite précisant l'objet de l'opération, et, dans certains cas seulement, des justifications à l'appui de cette déclaration.

En outre, si l'opération est soumise à autorisation, le banquier ne peut y prêter son concours qu'après l'obtention de cette autorisation (spéciale ou générale) du ministre des Finances (Commission des changes).

B. — *Exceptions générales.*

La nouvelle réglementation ne s'applique pas aux envois hors de France de fonds ou titres, quel qu'en soit le montant, que les particuliers ou sociétés résidant ou fonctionnant hors de France ont ou pourront avoir en France (art. 4, § 1).

Ces opérations continuent à pouvoir être faites librement comme auparavant.

Cependant, si les détenteurs de fonds ou titres appartenant à des particuliers ou des sociétés résidant ou fonctionnant hors de France ne tiennent pas le répertoire des opérations de change, ils devront, pour effectuer des transferts, s'adresser, conformément à la loi, à une banque ou à un banquier assujetti et fournir la déclaration prévue au n° 3, lettre B, du chapitre ci-après relatif aux « Transfert de fonds ou de titres pouvant être effectués sur simple déclaration écrite précisant l'objet de l'envoi ».

En ce qui concerne les colonies et possessions françaises, le régime est le suivant :

a) L'Algérie est assimilée entièrement à la métropole.

b) Pour les autres colonies ou pays de protectorat :

1° Le règlement des produits, denrées ou marchandises destinées à y être importés est soumis aux questions stipulées pour les importations dans la métropole et précisées ci-après ;

2° Les fonds destinés à être utilisés sur place dans l'agriculture, le commerce et l'industrie peuvent y être transférés sur simple déclaration, comme il est indiqué plus loin.

Toutefois les pays de protectorat de l'Afrique du Nord seront entièrement assimilés à la métropole à partir du moment où les dispositions de la loi du 3 avril 1918 auront été étendues à ces pays [1].

[1] *a)* L'assimilation de la Tunisie à la métropole résulte de la promulgation, au *Journal officiel Tunisien* du 27 avril 1918, du décret beylical du 24 avril.

b) La ville de Tanger conservera, en tous cas, son caractère international et devra, en conséquence, être considérée, pour l'application de la loi, comme territoire étranger.

La résidence « en France » ou « hors de France », dans le sens de la loi, doit s'entendre d'une résidence *habituelle, prolongée* et non d'une résidence *accidentelle* ou *provisoire*.

C'est là une question de fait.

Dans les cas douteux, les banques pourront demander toutes *justifications utiles* à leurs clients ou provoquer une autorisation spéciale de la Commission des changes.

Mais, d'ores et déjà, peuvent être considérés comme « résidant hors de France » pour l'application de la loi :

1° Les représentants en France des Gouvernements étrangers (chefs de mission diplomatique, conseillers ou secrétaires d'ambassade, consuls de carrière ou leurs représentants dûment accrédités), à condition qu'ils agissent ès qualités ;

2° Les officiers et soldats des armées alliées, mobilisés en France, à condition qu'ils agissent exclusivement pour leur compte personnel.

C. — *Division des cas d'application.*

Tous les autres envois ou transferts de fonds ou de titres effectués par une personne résidant en France et visés par la loi du 3 avril 1918 peuvent rentrer dans une des trois catégories ci-après :

1° Ceux qui sont soumis à une autorisation préalable de la Commission des changes, indépendamment de la déclaration écrite du client précisant l'objet pour lequel les fonds sont envoyés ;

2° Ceux qui peuvent être faits sans autorisation, sur la simple production de la déclaration écrite précitée et de certaines justifications prévues par la loi ;

3° Ceux pour lesquels la déclaration écrite indiquant le but de l'envoi est suffisante, sans autres justifications *immédiates.*

I. Transferts de fonds ou de titres soumis à autorisation préalable
(Art. 1er, n° 1).

Rentrent dans cette catégorie tous transferts ou remises, directs ou indirects de fonds ou de titres à l'étranger :

a) Pour dépôt ou placement (dépôt libre ou en garantie d'avances, cautionnement, commandite, primes d'assurances sur la vie ou en cas de décès souscrites depuis la loi du 3 avril 1918, etc.).

b) Pour souscription à une émission (actions, bons, obligations, etc., émis à l'étranger).

c) A titre de prêt, pour quelque cause que ce soit (ouverture de crédits, avances, à l'exception des facilités de caisses dites de courrier, etc.).

d) Pour acquisition de tous titres, biens et produits quelconques *autres* que des produits, denrées ou marchandises, soit importés, soit destinés à être importés dans un délai maximum de six mois, en France, dans les colonies ou les pays de protectorat, conformément aux lois et règlements en vigueur.

e) L'interdiction d'exportation, sauf autorisation, frappe également les titres et coupons dont la contre-valeur doit rester à l'étranger et servir à des opérations visées par l'article 1er (n° 1) de la loi du 3 avril.

Il s'ensuit qu'une autorisation est indispensable pour les envois de fonds ou de titres à l'étranger correspondant à des acquisitions à l'étranger :

1° De tous titres, créances, fonds publics, actions, obligations, bons, etc.

(En cas de remploi de titres amortis, l'autorisation n'est nécessaire que dans le cas où il y a un transfert de fonds supplémentaire) ;

2° De biens de toute nature, y compris les navires ;

3° De produits, denrées ou marchandises quelconques destinés à être :

Soit importés en France, dans les colonies ou pays de protectorat, *dans un délai supérieur à six mois, soit stockés à l'étranger ;*

Soit exportés d'un pays étranger dans un autre pays étranger, avec ou sans transit par la France.

(Règlement du prix de marchandises par les commissionnaires exportateurs, règlement de différences sur les marchés étrangers, même s'il s'agit d'engagements pris en couverture d'opérations de livraison réelle, etc.).

FORME DE L'AUTORISATION

L'autorisation donnée par la Commission des changes peut être spéciale ou générale : spéciale si elle concerne un transfert déterminé ; générale si elle s'applique, soit à des transferts ou envois successifs de même nature, soit à des besoins en devises sur différents pays pour un laps de temps déterminé.

L'autorisation spéciale sera conservée par la banque.

Au contraire, l'autorisation générale, devant servir à des opérations multiples pouvant être faites dans plusieurs banques, sera conservée par le bénéficiaire.

Dans ce cas, les banques se borneront : d'une part, à exiger des intéressés qu'ils mentionnent sur leur déclaration écrite la date, le numéro de l'autorisation et le solde encore disponible, pour chaque devise étrangère, sur le montant accordé, et, d'autre part, à inscrire elles-mêmes, sur l'autorisation générale qu'elles rendront à leurs clients, après l'avoir visée et estampillée, la date et le montant de l'opération faite par leur intermédiaire.

Une fois l'autorisation générale épuisée, les bénéficiaires la renverront à la Commission des changes à l'appui de toute nouvelle demande d'autorisation.

II. Transferts de fonds ou de titres pouvant être effectués sans autorisation préalable, mais sur la production de la déclaration écrite précisant l'objet de l'envoi et de certaines justifications légales.

Il s'agit des transferts de fonds destinés à régler le prix de produits, denrées ou marchandises, déjà importés ou destinés à être importés dans un délai maximum de six mois en France, dans les colonies ou pays de protectorat, conformément aux lois et règlements en vigueur.

1° Dans le cas de marchandises dont l'importation est libre, l'importateur doit le mentionner expressément, sous sa responsabilité, sur la déclaration d'achat qu'il remet à la banque et que celle-ci doit conserver :

2° Dans le cas de marchandises dont l'importation est réglementée, l'importateur devait, avant le 17 juin 1918, présenter, à l'appui de sa déclaration d'achat, une licence d'importation et faire mention de cette licence dans sa déclaration.

Ladite licence était visée par la banque qui y apposait un timbre à date et y indiquait la nature et le montant du règlement fait par son intermédiaire.

Elle était rendue ensuite à l'intéressé.

A partir du 18 juin 1918, tous les comités ou commissions intéressés délivreront aux importateurs, en même temps que les originaux des autorisations d'importation destinés aux services de la Douane, une copie spéciale (sur papier rose) qui servira exclusivement pour l'application de la loi du 3 avril 1918 et que les importateurs garderont.

Ce n'est que sur présentation aux banques de cette copie spéciale et non plus de l'original que les importateurs pourront obtenir de celles-ci, à partir du 20 juin, les moyens de change ou de crédit nécessaires au règlement des marchandises pour lesquelles une autorisation d'importation aura été accordée.

En ce qui concerne les autorisations d'importation délivrées antérieurement au 17 juin 1918, les copies délivrées mentionneront les montants indiqués sur l'original, pour lesquels des transferts de fonds à l'étranger auraient été déjà effectués.

Il est recommandé aux banques de s'assurer de la réalité de l'achat pour lequel une autorisation d'importation est représentée et en vue duquel les transferts de fonds sont demandés (par exemple, production de factures d'achat, demandes de versement, de provision ou d'acompte, etc.).

Les banques veilleront à ce que la déclaration de leurs clients :

a) Indique le numéro de l'autorisation d'importation dont l'original ou la copie a été communiqué, ainsi que l'autorité qui a délivré cette autorisation ;

b) Mentionne expressément que les marchandises ont été importées ou doivent être importées dans un délai maximum de six mois. Cette indication est indispensable pour que le règlement puisse être effectué sans autorisation préalable ;

c) Précise s'il s'agit d'acomptes ou de versements pour solde.

Dans le cas de production de justifications, mention en sera faite dans la déclaration.

III. — Transferts de fonds ou de titres pouvant être effectués sur simple déclaration écrite précisant l'objet de l'envoi.

Il s'agit des transferts qui ne rentrent pas dans les cas expressément prévus aux n°ˢ 1 et 2 de la présente instruction.

Le transfert de fonds ou de titres sur simple déclaration écrite précisant l'objet de l'envoi est donc le droit commun en la matière.

Mais il est de toute nécessité que la déclaration écrite de l'intéressé soit aussi complète et détaillée que possible, de manière à engager la responsabilité du déclarant en cas d'inexactitude, et à permettre aux banques et aux agents de contrôle de s'assurer que l'opération n'est pas soumise à autorisation ou à production de plus amples justifications.

Cette déclaration devra préciser notamment : les noms et adresses de l'expéditeur et du destinataire, le montant, la nature, l'objet et le but de l'envoi et, le cas échéant, la date et la nature du titre de la dette à régler à l'étranger. Elle mentionnera également toutes les pièces ou documents que les banques exigeraient des intéressés à titre de justifications complémentaires à l'appui de leur affirmation.

Les banques peuvent donc transférer, sur simple déclaration précisant l'objet de l'envoi :

A. Dans les colonies et pays de protectorat, les fonds destinés à être utilisés sur place dans l'agriculture, le commerce et l'industrie.

B. A l'étranger :

1° Les fonds ou titres destinés à régler tout engagement pris antérieurement à la loi du 3 avril 1918 pour toute autre cause que l'acquisition de marchandises dont l'importation était prohibée, ainsi que :

— Les redevances pour brevets d'invention ;

— Les frais de transport, d'emmagasinage et de douanes (principal et accessoires, etc.) ;

— Les indemnités dues par les compagnies d'assurances ;

— Les dépenses urgentes à faire par les armateurs au port de départ ou en cours de route (frais d'armement, de personnel, réparation de navires, charbon de soute, etc.);

— Les primes d'assurance terrestres ou maritimes, autres que les primes d'assurances sur la vie ;

— Toutes primes dues par les compagnies d'assurances aux compagnies de réassurances à l'étranger ;

— Les appointements et frais de personnel séjournant à l'étranger ;

— Les impôts de toute nature (droits de mutation, etc.);

— Les legs faits à des personnes résidant à l'étranger.

2° Les coupons ou titres amortis en vue de leur encaissement, à condition d'en rapatrier le montant en France, ainsi que les titres dont le service se fait à l'étranger, en vue de simples opérations de régularisation, telles que conversions, échanges, renouvellement de feuilles de coupons, etc.

Les banquiers devront faire rentrer en France les titres ainsi exportés après régularisation, ou les nouveaux titres délivrés en remplacement et, par dérogation à l'article 6 de la loi du 3 avril 1918, ils sont autorisés à effectuer cette opération sans avoir besoin d'en référer à la Commission des changes, et sous les garanties prévues au titre II ci-après, à fournir, le cas échéant, aux agents de surveillance de la frontière.

3° Les titres ou fonds que les particuliers, ou les sociétés résidant ou fonctionnant hors de France, ont ou pourront avoir en France, lorsque les détenteurs en France des fonds et des titres ne sont pas des banques ou banquiers assujettis au répertoire :

a) Parts de bénéfices dans les sociétés fonctionnant en France, revenus de leurs propriétés, de leurs titres, sommes consignées en France :

b) Sommes, titres prêtés ou déposés en France, ou provenant de la vente de marchandises précédemment envoyées, consignées ou achetées en France :

— Par les maisons étrangères :

— Par les succursales établies à l'étranger de maisons françaises ;

— Par les établissements principaux de maisons étrangères ayant des succursales en France ;

Dans ce cas, la déclaration devra être très précise et contenir l'engagement exprès des intéressés de fournir toutes justifications utiles sur la question de *résidence* et sur la cause du règlement, à première réquisition des banques ou des agents du contrôle du ministère des Finances.

Cette énumération est simplement *énonciative* et non limitative.

En cas de doute, les banques devront provoquer des autorisations spéciales.

Pour les frais de voyage et les besoins alimentaires qui ne peuvent donner lieu à aucune justification autre que la déclaration écrite des intéressés, les banques pourront solliciter une autorisation générale en vue de dispenser leurs clients, s'il s'agit de montants réduits, de demander une autorisation spéciale à la Commission des changes.

En tous cas, les transferts de fonds pour frais de voyage ne peuvent être effectués que sur communication du passeport délivré par les autorités compétentes et pour les étrangers visés par les autorités françaises ; les envois de fonds pour besoins alimentaires ne peuvent l'être qu'à destination des pays alliés ou neutres.

Les transferts de fonds pour besoins alimentaires en pays occupés ou ennemi doivent faire l'objet d'une demande spéciale à la Commission des changes, qui se mettra d'accord avec le ministère du Blocus.

C. — Chèques ou effets créés de France sur France
et négociés à l'étranger.
Chèques ou effets tirés de l'étranger sur France.

Ces opérations sont soumises aux dispositions de l'instruction spéciale du 1er mai 1918, dont copie est ci-jointe.

D. — Opérations faites pour leur propre compte par les banques
astreintes à la tenue du répertoire des changes.

De même que les particuliers, les banques ne peuvent faire une des opérations visées par l'article 1er (n° 1) de la loi, qu'après autorisation préalable du ministre des Finances (Commission des changes).

Pour les autres opérations qui rentrent dans l'exercice de leur profession, elles sont dispensées de toutes déclarations et justifications *immédiates;* mais, à première réquisition des agents du contrôle, elles pourront avoir à fournir toutes autorisations, déclarations et justifications utiles sur ces opérations.

Ainsi elles peuvent, comme par le passé :

Acheter des monnaies ou devises étrangères (chèques, effets, coupons, etc.);

En effectuer l'envoi à l'étranger en vue d'alimenter leurs comptes courants chez leurs correspondants, sous la réserve toutefois que la contre-valeur desdits achats et envois soit, dans un délai raisonnable, remise à la disposition du marché français et sans qu'en aucun cas elle puisse servir à une des opérations prohibées par l'article 1er (n° 1) de la loi du 3 avril 1918 ;

Envoyer à l'étranger tous titres ou valeurs mobilières, en vue de simples opérations de régularisation, telles que conversions, échanges, renouvellement de feuilles de coupons, etc. Sous réserve des justifications sur l'origine des titres, que les agents de surveillance à la frontière pourront demander, le cas échéant, les banques, par dérogation à l'article 6 de la loi du 3 avril 1918, sont autorisées à faire rentrer en France les nouveaux titres délivrés en remplacement de ceux transmis à l'étranger pour ces opérations de régularisation.

11. — TCHERNOFF. — EXPORTATION DES CAPITAUX.

Pour toutes les opérations qu'ils traitent eux-mêmes et qui comportent transmission de fonds, les banquiers qui tiennent le répertoire des opérations de change n'ont pas à se produire réciproquement les déclarations et justifications prévues par la loi.

C'est seulement au premier banquier qui a engagé l'opération sur l'intervention directe du donneur d'ordre, qu'il incombe d'exiger de ce dernier toutes déclarations et justifications utiles.

Les autres banquiers qui concourent à la même opération sont suffisamment couverts du fait que l'ordre émane d'un banquier tenant le répertoire des opérations de change.

L'attention des banques est appelée sur la nécessité de faire préciser par leurs clients la résidence des bénéficiaires de versements ou de virements à effectuer au crédit d'un compte tenu par une autre banque fonctionnant en territoire français ou assimilé.

E. — *Prescriptions spéciales relatives à l'envoi ou au transfert de fonds ou de titres à effectuer à l'étranger par l'intermédiaire des banques tenant le répertoire des opérations de change.*

I. — Transport par voyageurs.

Sous réserve des dispositions précédemment arrêtées ou qui le seront ultérieurement en ce qui concerne l'or, l'argent, certaines catégories de billets de banque ou de titres, et la vérification à opérer par les agents de surveillance de la frontière, un banquier qui tient le répertoire des opérations de change ou son représentant peut, en quittant la France, emporter du numéraire, des billets ou des titres :

1° Jusqu'à concurrence de 1 000 francs, sans aucune formalité, comme tout particulier ;

2° Pour une somme supérieure à 1 000 francs, en remettant à la douane une déclaration de sortie en triple exemplaire détaillant la nature et le montant des monnaies, valeurs, titres transportés et indiquant le but de l'opération.

Il peut également transporter à l'étranger des lettres de crédit ou des chèques, sans limitation de montant, du moment où ces valeurs sont délivrées par lui-même ou par un autre banquier astreint à la tenue du répertoire des opérations de change et par conséquent inscrites sur ledit répertoire. Il va de soi que ces transferts de fonds ou de titres ne pourront concerner des opérations visées par l'article 1er (n° 1) de la loi du 3 avril 1918 qu'après autorisation préalable du ministère des Finances (Commisson des changes).

II. — Expédition par colis et par lettre.

Sous les mêmes réserves que ci-dessus, notamment en ce qui concerne l'or, l'argent, certaines catégories de billets de banque ou de titres et la vérification des agents de surveillance de la frontière, les banquiers tenant le répertoire des changes peuvent envoyer à l'étranger des fonds, valeurs ou titres, pour une somme supérieure à 1 000 francs :

S'il s'agit d'expéditions par lettre, en mettant dans le pli une note dûment signée indiquant la nature, le montant et le but de l'envoi ;

S'il s'agit d'un colis, en remettant à la douane une déclaration de sortie en triple exemplaire indiquant la nature, la valeur de l'envoi, ainsi que son utilisation à l'étranger.

Dans les deux cas, la banque devra, soit dans la note ci-dessus visée, soit dans la déclaration de sortie à remettre à la douane, indiquer le numéro de l'autorisation du ministère des Finances, si les envois effectués ont nécessité une autorisation préalable.

TITRE II

IMPORTATION DE TITRES ET VALEURS MOBILIÈRES

Sauf autorisation spéciale du ministre des Finances, sont interdites :

1° L'importation des titres et valeurs mobilières en France ;

2° La création en France d'un certificat conférant à son porteur un droit sur des biens et des valeurs situés à l'étranger (art. 6 de la loi du 3 avril 1918).

Toutefois, cette interdiction ne frappe pas :

1° Les valeurs émises depuis le début des hostilités par l'État français ;

2° Les titres échus remboursables en France et les coupons payables en France ;

3° Les titres dont la personne qui en poursuit l'introduction en France était propriétaire avant la promulgation de la loi du 3 avril 1918 ou en est devenue propriétaire par succession depuis cette date ;

4° Les titres achetés ou souscrits en France depuis le début des hostilités ;

5° Et, par dérogation spéciale accordée par la présente instruction, les titres rapatriés, après régularisation, par les banquiers pour le compte de leurs clients ou pour leur compte personnel.

Les exceptions prévues sous les nᵒˢ 3, 4 et 5 ci-dessus restent elles-mêmes sujettes à l'observation des garanties exigées pour l'application des lois et décrets interdisant le commerce avec l'ennemi. En conséquence, la déclaration réglementaire à faire aux agents de surveillance à la frontière et les justifications relatives à l'origine des titres et coupons continueront à être exigées.

En tous cas, l'introduction en France de tous titres et coupons peut être faite sans l'intervention d'une banque astreinte à la tenue du répertoire des opérations de change. La réglementation édictée par l'article 2 de la loi du 3 avril 1918 pour l'exportation des capitaux et des titres ne s'applique pas en effet à l'importation en France des titres et valeurs mobilières.

Paris, le 15 juin 1918.

Le Président de la Commission des changes,

Octave Homberg.

ANNEXE N° VIII

LOI DU 28 FÉVRIER 1921

(*Journal officiel* du 1er mars 1921.)

ARTICLE 13.

Les dispositions de la loi du 3 avril 1918 réglementant l'exportation des capitaux et l'importation des titres et valeurs mobilières sont maintenues en vigueur jusqu'au 1er avril 1921 sous les modifications et additions suivantes :

« 1° Le minimum des amendes prévues par l'article 9 est porté à 1 000 francs ;

« 2° Les poursuites ne pourront être exercées qu'à la requête du ministre des Finances ;

« 3° Le ministre des Finances est autorisé à transiger et le retrait de sa plainte avant le jugement entraînera l'abandon des poursuites. »

ARTICLE 14.

Les dispositions de la loi du 1er août 1917 sur le répertoire des opérations de change sont modifiées comme suit :

« 1° Le minimum des amendes prévues par l'article 5 est porté à
1 000 francs ;

« 2° Les poursuites ne pourront être exercées qu'à la requête du ministre
des Finances ;

« 3° Le ministre des Finances est autorisé à transiger, et le retrait de sa
plainte avant le jugement entraînera l'abandon des poursuites. »

. . . . , ...

ANNEXE N° IX

LOI DU 31 MARS 1922

*modifiant les dispositions de la loi du 3 avril 1918 sur l'exportation des capitaux
et l'importation des valeurs mobilières.*

(*Journal officiel* du 1er avril 1922.)

ARTICLE UNIQUE

Les dispositions de la loi du 3 avril 1918 et de l'article 13 de la loi du
28 février 1921, prorogées par l'article 88 de la loi du 31 décembre 1921,
resteront en vigueur jusqu'au 31 décembre 1922, sous les modifications et
additions suivantes :

1° Les dispositions du paragraphe 2 de l'article 1er de la loi du 3 avril 1918
sont abrogées et remplacées par les suivantes :

« ...d'expédier ou transporter hors de France, en vue de leur réalisation
ou de leur encaissement, des titres ou coupons dont la contre-valeur ne ferait
pas l'objet, dans un délai de trois mois, d'une remise en France de francs ou
de devises étrangères, ou, en ce qui concerne les titres d'une introduction
de titres de même valeur. »

2° Les dispositions de l'article 2 de la loi du 3 avril 1918 sont complétées
par les dispositions suivantes, qui prendront place entre les alinéas 1 et 2
dudit article :

« Les opérations prévues par le paragraphe 2 de l'article 1er ne peuvent,
quel que soit leur montant, être effectuées, tant à l'entrée qu'à la sortie,
que par l'intermédiaire d'une banque tenant le répertoire des opérations de
change. »

3° Les dispositions de l'article 4 de la loi du 3 avril 1918 sont complétées
par la disposition suivante :

« 4° Aux achats de devises étrangères effectuées pour les besoins de leur propre entreprise par des industriels ou des commerçants non banquiers résidant en France, en utilisant la contre-valeur des fonds transférés par eux à l'étranger en France postérieurement à la promulgation de la présente loi.

« Pour bénéficier des dispositions ci-dessus, les intéressés devront avoir un compte chez une personne tenant le répertoire des opérations de change. »

4° Les dispositions de l'article 7 de la loi du 3 avril 1918 sont complétées par la disposition suivante :

« 6° Les titres acquis à l'étranger dans des conditions prévues par le paragraphe 2 de l'article 1ᵉʳ. »

Un décret rendu sur la proposition du ministre des Finances pourra, antérieurement au 31 décembre 1922, suspendre l'application des dispositions de la loi du 3 avril 1918, de l'article 13 de la loi du 28 février 1921 et du présent article.

Les poursuites entamées par application de la loi du 3 avril 1918, de l'article 13 de la loi du 28 février 1921, du présent article seront, nonobstant l'expiration, l'abrogation ou la suspension de ces dites lois, continuées jusqu'à solution définitive, et une condamnation pourra être valablement prononcée.

ANNEXE N° X

LOI DU 22 MARS 1924

(Journal officiel du 23 mars 1924.)

ART. 69.

A partir de la promulgation de la présente loi, quiconque veut faire profession ou commerce de recueillir, acheter ou vendre, négocier, escompter, encaisser ou payer des monnaies ou devises étrangères : coupons, titres d'actions ou d'obligations négociables, quels que soient leur dénomination et le lieu de leur création, dont le montant ou le prix est payable à l'étranger en monnaies étrangères ou payable en France en monnaie française sur une disposition de l'étranger ou après négociation à l'étranger est tenu, avant toute opération, d'en obtenir l'autorisation écrite du ministre des Finances et de faire la déclaration de cette profession ou de ce commerce au bureau de l'enregistrement de sa résidence, et, s'il y a lieu, au bureau de l'enregistrement de chacune de ses succursales ou agences. Cette déclaration ne pourra être reçue que si elle est accompagnée de ladite autorisation écrite du ministre des Finances. L'autorisation du ministre des Finances est toujours révocable.

Les personnes qui, antérieurement à la promulgation de la présente loi, ont fait la déclaration qui était prévue à l'article 1er de la loi du 1er août 1917 sont provisoirement autorisées à continuer leurs opérations. Pendant un délai qui sera fixé par arrêté du ministre des Finances et après examen de ces déclarations, le ministre des Finances pourra leur enlever le droit de tenir le répertoire. Après expiration de ce délai, les personnes auxquelles le ministre des Finances n'aura pas retiré le droit de tenir le répertoire seront assimilées à celles qui ont obtenu l'autorisation prévue au paragraphe 1er du présent article.

ART. 70.

Les contraventions aux prescriptions de l'article 69 de la présente loi et des articles 2, 3 et 4 de la loi du 1er août 1917, ainsi qu'à celles des arrêtés ministériels prévus à l'article 4 de la loi du 1er août 1917, seront constatées par des procès-verbaux dressés par les agents dont la désignation est prévue audit article 4.

Les poursuites ne pourront être exercées qu'a la requête du ministre des Finances.

Le ministre des Finances est autorisé à transiger et le retrait de sa plainte avant le jugement entraînera l'abandon des poursuites.

Les infractions à l'article 69 de la présente loi seront punies d'une amende de 1000 à 5000 francs et d'un emprisonnement d'un mois à six mois ou de l'une de ces deux peines seulement.

Les infractions aux articles 2, 3 et 4 de la loi du 1er août 1917 et aux arrêtés ministériels prévus à l'article 4 de ladite loi seront punies d'une amende de 1000 à 5000 francs.

Les dispositions de l'article 463 du Code pénal sont applicables aux articles 69 et 70 de la présente loi et restent applicables aux articles 2, 3 et 4 de la loi du 1er août 1917 et aux arrêtés ministériels prévus à l'article 4 de ladite loi.

ART. 71.

Les dispositions des articles 1er et 5 de la loi du 1er août 1917 et 14 de la loi du 28 février 1921 sont modifiées ou remplacées en ce qu'elles ont de contraire par celle des articles 69 et 70 de la présente loi dans tous les textes en vigueur.

ART. 72.

A partir de la promulgation de la présente loi et sous réserve des dérogations que pourra accorder le ministre des Finances, la déclaration écrite prévue au paragraphe 3 de l'article 2 de la loi du 3 avril 1918 (modifié par la loi du 31 mars 1922) devra, dans les cas prévus à l'alinéa 3 de l'article 4 de ladite loi, être revêtue de l'avis favorable de la chambre de commerce du domicile du déclarant ou de tous autres organismes agréés.

Le refus d'avis favorable sera motivé par la chambre de commerce ou l'organisme agréé. L'intéressé pourra demander au ministre des Finances l'autorisation d'effectuer l'opération qui aura donné lieu à ce refus.

Est à considérer comme exportation de capital, dans le sens de la loi du 3 avril 1918, le fait qu'un exportateur laisse à l'étranger le prix des marchandises exportées, à moins que cet exportateur ne justifie qu'il a besoin de ce prix pour payer des marchandises qu'il a importées ou qu'il importera dans les six mois. Un arrêté ministériel réglera les conditions d'application contenues dans le présent alinéa.

ART. 73.

Les contraventions à l'article 72 de la présente loi sont passibles des sanctions prévues par l'article 9 de la loi du 3 avril 1918, par l'article 13 de la loi du 28 février 1921 et par l'article unique *in fine* de la loi du 31 mars 1922.

ART. 74.

Un décret rendu sur la proposition du ministre des Finances pourra à toute époque suspendre l'application des dispositions de l'article 72 de la présente loi.

ART. 75.

L'article 9 de la loi du 3 avril 1918 est complété par les dispositions suivantes qui seront insérées après l'avant-dernier paragraphe dudit article :

« Les infractions aux dispositions de l'article 1er, toutes tentatives en vue de les commettre ainsi que les déclarations ou justifications prévues à l'article 2 qui auront été reconnues fausses seront passibles des amendes prévues ci-dessus et d'un emprisonnement d'un mois à six mois ou de l'une de ces deux peines seulement. »

ART. 76.

Les dispositions de l'article 13 de la loi du 28 février 1925 et de l'article unique *in fine* de la loi du 31 mars 1922 sont applicables dans les cas prévus à l'article 75 de la présente loi.

ART. 77.

Les articles 69 à 76 de la présente loi sont applicables à l'Algérie.

. . . .

MINISTÈRE
DES FINANCES

COMITÉ DE CONTROLE
de l'Exportation
DES CAPITAUX

N° 151.747

ANNEXE N° XI

Paris, le 6 mai 1926.

MESSIEURS,

Suivant l'art. 2 de la loi du 3 avril 1918, les achats et transferts à l'étranger de devises ou monnaies étrangères peuvent être effectués sans l'intermédiaire d'une personne astreinte à la tenue du répertoire quand l'opération en vue n'est pas d'un montant supérieur à 1 000 francs. Cette disposition ne saurait être interprétée comme autorisant les achats et transferts de monnaies ou de devises étrangères pour des opérations interdites par la loi du 3 avril 1918 quand elles ne dépassent pas 1 000 francs.

Pour rendre plus facile le contrôle de la régularité de ces opérations sans revenir sur les dispositions de l'art. 2 de la loi du 3 avril 1918 qui vous dispense d'exiger de vos clients, quand l'opération qu'ils ont en vue n'est pas d'un montant supérieur à 1 000 francs, la déclaration écrite indiquant l'objet de l'achat de change ou du transfert de fonds à l'étranger, ni sur les facilités que vous donne l'art. 3 de l'arrêté du 4 avril 1918 permettant de grouper sur le répertoire, à la fin de chaque journée, certaines opérations d'achat et de vente de devises ou monnaies étrangères, j'ai l'honneur de vous inviter :

1° A vous conformer rigoureusement aux prescriptions de l'article 2 de la loi du 1er août 1917 en exigeant de toute personne qui se présente à vos guichets pour acheter ou vendre des devises ou monnaies étrangères, — *quel que soit le montant de l'opération*, — la déclaration de son identité, de sa nationalité et de son domicile, ou mieux de sa résidence ;

2° A tenir des feuilles annexes par journées détaillant toutes les opérations d'achat ou de vente de devises étrangères quel qu'en soit le montant, groupées sur le répertoire, avec mention des renseignements d'identité, nationalité et résidence fournis par chacun de vos clients.

Vous voudrez bien prévenir vos clients que si je suis disposé à appliquer très largement les prescriptions de l'article 2 de la loi du 3 avril 1918 aux transferts à l'étranger de sommes d'un montant ne dépassant pas 1 000 francs pour acquitter des factures d'achat de marchandises à importer, régler de menus frais ou dépenses, envoyer un secours, etc., je n'hésiterai pas à poursuivre tout achat ou transfert à l'étranger de monnaie ou devises étrangères, quel qu'en soit le montant, dans un but de placement ou de spéculation.

Je ne doute pas que vous ne compreniez l'intérêt qui s'attache à une application très stricte des principes essentiels qui ont inspiré le législateur de 1918 et que vous ne prêtiez à mon département le concours nécessaire sur lequel est basé son contrôle.

Le Ministre des Finances,
Raoul PÉRET.

Paris, le 6 mai 1926,

Messieurs,

J'ai l'honneur de vous prier de vouloir bien vous reporter aux circulaires des 14 décembre 1925 et 14 janvier 1926, attirant votre attention sur certaines opérations bancaires susceptibles d'influer dans un sens défavorable sur la tenue du franc français.

Je vous rappelle à nouveau, tout spécialement, que vous devez vous abstenir de celles de ces opérations d'ailleurs interdites par la loi du 3 avril 1918, et notamment des opérations de report qui aboutissent à une avance effective en francs au profit de personnes ou sociétés résidant ou fonctionnant à l'étranger.

Les circulaires précédentes ont toujours excepté des opérations interdites les crédits de courrier en faveur de l'étranger ; sans revenir sur ces dispositions, je vous prie de veiller avec un soin particulier à ce que ces crédits ne constituent pas un abus n'aboutissant pratiquement, au profit des bénéficiaires, à un découvert prolongé ou même constant, prohibé par la loi du 3 avril 1918.

Je vous invite également à vous conformer rigoureusement aux prescriptions de la circulaire du 31 mai 1924, qui précise les conditions dans lesquelles sont autorisées les opérations de report et de couverture de change.

Le Ministre des Finances,

Raoul Péret.

Observations. — A la date du 27 mai 1926, les journaux ont publié un avis ayant des allures officielles ainsi conçu :

« Le Gouvernement continue d'étudier et de surveiller attentivement le marché des changes. Il a décidé de supprimer les autorisations « *d'ouvertures de crédits* en francs faites à des étrangers et qui doivent être couvertes par courrier ». S'inspirant de l'exemple donné par le Gouvernement italien, le Gouvernement français veut supprimer ces crédits qui facilitent la spéculation au détriment de la devise française. »

ANNEXE N° XII

AUTORISATION GÉNÉRALE

Est autorisé à faire transférer à l'étranger au cours d'une période de 6 mois, tant pour son compte personnel que pour celui de ses clients, commerçants ou industriels, les sommes nécessaires au règlement d'opérations ayant pour but de garantir la bonne fin de contrats réels sur marchandises.

Conformément aux prescriptions de l'art. 2 de la loi du 3 avril 1918, ces transferts devront être effectués par l'intermédiaire d'une banque tenant le répertoire des changes :

1° Sur production de la présente autorisation ;

2° Sur remise d'une déclaration écrite précisant la nature et l'objet de l'opération et accompagnée de toutes pièces justificatives de la réalité et de l'exigibilité du règlement.

Chaque opération sera consignée, au fur et à mesure de la négociation, sur un registre spécial qui sera tenu à la disposition des agents du Comité de contrôle de l'exportation des capitaux, et dont une copie certifiée conforme sera adressée à ce Comité fin de chaque trimestre.

Il est observé que la présente autorisation pourra être retirée à toute époque si le Comité le juge nécessaire.

Par délégation du Ministre,

Le Président du Comité.

41 153 — IMPRIMERIE DE LA JURISPRUDENCE GÉNÉRALE DALLOZ